高效产品攻略

泛产品经理必备的效率提升实践宝典

姜杰夫 著

電子工業出版社
Publishing House of Electronics Industry
北京•BEIJING

内 容 简 介

随着人工智能热潮的兴起，大量的人工重复工种正在被替代，新时代对产品经理的要求将越来越高。

新时代的产品经理不但要懂技术边界，还要懂业务，同时还要能精简手头的重复工作，从而创造更大的价值。产品经理要提升这几项能力，需要花费一定的时间并掌握高效技巧。

本书意在解答“工作如何走向高效”这个问题，从产品经理的工作流程入手，对其业务能力进行逐项剖析，再逐步介绍产品经理需求分析、产品规划中的高效技巧，最后分享真实案例和项目经验。

本书不但适合进阶的产品经理阅读，还适合其他岗位的职场人阅读，书中很多技巧性的思维和经验都可以应用到各种项目中。

所以，不管你是进阶的产品经理，还是其他岗位的职场人，只要你对自己的工作效率不满意，本书都值得一读。

图书在版编目（CIP）数据

高效产品攻略：泛产品经理必备的效率提升实践宝典 / 姜杰夫著. —北京：电子工业出版社，2020.6

ISBN 978-7-121-38865-1

Ⅰ. ①高… Ⅱ. ①姜… Ⅲ. ①企业管理—产品管理 Ⅳ. ①F273.2

中国版本图书馆 CIP 数据核字（2020）第 048816 号

责任编辑：林瑞和　　　特约编辑：田学清
印　　刷：三河市良远印务有限公司
装　　订：三河市良远印务有限公司
出版发行：电子工业出版社
　　　　　北京市海淀区万寿路 173 信箱　　　邮编：100036
开　　本：720×1000　1/16　印张：17　　字数：264.4 千字
版　　次：2020 年 6 月第 1 版
印　　次：2020 年 6 月第 1 次印刷
定　　价：59.00 元

凡所购买电子工业出版社图书有缺损问题，请向购买书店调换。若书店售缺，请与本社发行部联系，联系及邮购电话：（010）88254888，88258888。

质量投诉请发邮件至 zlts@phei.com.cn，盗版侵权举报请发邮件至 dbqq@phei.com.cn。

本书咨询联系方式：010-51260888-819，faq@phei.com.cn。

推荐序一

三年前，机缘巧合下我开始写关于产品经理经验的文章。长期单休创业，突然有天改成了双休，我有了大量空闲时间，于是开始随便在网上写点东西，没想到引起了很多产品经理的共鸣。在大家的鼓励下，我坚持写作，至今已经出了两本书。因此，在这里我想和大家分享一下关于职场经验方面的写作应该注意的两点要求。

第一，这方面的内容应该是亲历者的个人思考和总结，并且应该是一线的工作经验，而非旁观者的整合、梳理。姜杰夫是平安保险科技的产品经理，在这方面有充足的话语权。他在书中运用了大量的、真实的案例，具有较强的说服力。

第二，在写作时要有自己的思考和判断，有自己的方法论和价值观，不能只是“讲述故事”，还要能“分享思考”，这样才能对大家有所帮助。在这方面，姜杰夫有一套自己的思考方法。比如，他认为处于进阶阶段的产品经理要关注生产关系的提升和生产方向方面的意识，他还认为产品经理在撰写年终总结或进行自我重构时要运用产品的思维。

只有满足这两点要求的文章，才能对产品经理有所帮助、有所启发。

过去，我和朋友在出书的过程中时常会听到一些声音，如“谁都可以出书吗”“他算大佬吗”等。这种质疑声不绝于耳，尤其在产品经理领域，不少人会觉得自己很懂产品、很懂用户，“同行相轻”的情况时常发生。

我们看到如今的互联网行业的职场有一个奇怪的现象：同行之间很少交流、产品方法论很难传播。网上流传的关于产品方法论的文章往往只是初学者的作业，或是媒体记者的总结，而一线工作者的经验并不多。

互联网是发展无比迅速的行业，产品方法论也一直处于快速迭代中，目前尚未形成系统的知识体系。正因如此，产品方法论的持续输出才变得更加重要。

俞军老师曾经提过，百度没有将产品方法论系统地输出给整个行业，是一大遗憾。能够将自己在一线的经验分享出去，哪怕未必能帮到所有人（这实际上也是不可能的），也必然会对整个行业产生有利影响。

从这个角度来看，姜杰夫是在为这个行业的知识大厦添砖加瓦，是在做一件有功德的事。

最后讲一点关于阅读这方面的书籍的方法。因为目前尚未形成系统的知识体系，所以产品经理需要自行分辨和判断书中的哪些经验是可以取之来用的、哪些经验是有特定环境和场景的。不同行业、不同类型的产品会面临不同的问题，因此产品经理要明白书中的方法论适用于哪些问题。判断能力本就是产品经理的核心能力之一，“尽信书，则不如无书”。

总而言之，这本书给我带来了不少启发，希望它也能帮到你。

祝开卷有益。

刘飞　《从点子到产品》《产品思维》作者、前滴滴出行司机产品负责人

推荐序二

从我刚开始写作到今天，已经过去了 7 年时间。在这 7 年里，我从技术一路写到产品。而在过去 5 年的产品经历中，从创业公司到大厂、从初创产品到成熟产品，我经历了完整的产品生命周期。

在每一个与产品相伴的日夜里，我不断在实践中总结经验和方法，并通过文字进行输出，希望能够帮助更多的后来者少走弯路，也希望为这个行业做出一点贡献。值得庆幸的是，如今有很多成熟的产品经理，当年都是看着我的文章一路走过来的，这种成就感令我无法言喻。

在做产品的这些年里，我一直遵循“实践出方法”的原则。我总结的关于产品方法论和产品思维方面的经验，均来自一线的工作经验。姜杰夫是我认识的少有的一位既注重实践、又善于总结方法论并输出的产品经理。他有着系统化的产品方法论，这些方法论均来自他的实战经验，并且始终践行高效的原则。

杰夫是一个热爱产品的人。我也一直坚信，只有怀着一颗热爱的心，才能真正做好每一件事。尤其是做产品，其实这并不是一件容易的事，它需要高度的投入和不断的提升及复盘。只有经过炮火的洗礼，才能成长为一位优秀的产品经理。我在杰夫身上看到了这样的潜质，环境是很难改变的，我们能改变的只有自己。

在平安保险科技的这些年里，杰夫做出了很多亮眼的成绩，这足以证明他对产品的这份热爱已经融入了行动。如今，他将自己的宝贵经验整理成册，与大家分享，这正是一种贡献，这个行业的发展需要越来越多像杰夫这样的人。

杰夫的新书以高效为切入点，从产品流程和产品思维入手，完整地阐述了产品经理如何进行自我提升。

这本书给了我很多启发，希望它也能带给你同样的启发。

唐韧 《产品经理必懂的技术那点事儿》作者、公众号“唐韧”主理人

推荐序三

现在回想起来，在第一次见到杰夫时，我就知道他注定会成为一位出色的产品经理。

9 年前的夏天，高考刚刚结束，我蹲在校门口卖一些还没来得及用的参考书和一些自己整理的学习笔记。当时，杰夫正在校门口逛书摊，看见了我，与我搭起话来。他最感兴趣的是我的语文学习笔记。我的语文学习笔记只有一页纸，正反面，内容是关于语文考试答题的方法论，价格大概是一元钱一页，遇到有缘人也可以白送。但是，当时并没有人认真看我那一页纸的语文学习笔记，这其实很合理。一方面，我并不是学校里的明星，我只是一个普通学生；另一方面，没有人会想看语文学习笔记，因为大家都认为语文不需要学习笔记，只需要笔和记。而杰夫是那个夏天唯一的男性有缘人。

在看完本书之后，我发现杰夫早在 9 年前就具备了成为一位出色的产品经理的两个潜在特质：一是对外部世界宽容的态度，二是对于方法论可以更具普适性的无比深刻的理解。

我是方法论的忠诚拥趸，因为它实在太好用了，让人无法抵抗。推测终点、描绘路径、归因分析，方法论无所不能。或许一个人能否站在队伍的前半段取决于他的天赋和运气，但如果不想站在队伍的后半段，只要充分利用方法论就足够了。此时，可能产生了一个新问题：如果我已经利用方法论站在了队伍的前半段，可我还想站在队伍的最前方怎么办？答案或许是，进化自己的方法论，让自己的方法论时刻保持生命力。顺着这个逻辑思考，可能又会产生下一个问题：如果方法论无法进化了怎么办？这可能就没那么好回答了，但是你可以学习站在你前面的人的方法论，然后等待时机超越他。

在拿到杰夫这本《高效产品攻略》书稿时，我并不是按照顺序阅读的，而是打开目录，看每章的标题。我看到太多的标题都很有吸引力，如“别让你的需求毫无深度可言”“如何判断自己是否走在正确的道路上”，我几乎是带着惊喜完成对全书的阅读的。书中关于产品方法论的理解，再一次展现了杰夫早就展露过的特质：对于方法论可以更具普适性的无比深刻的理解。

到这我就不多讲了，因为后面还有更多、更有价值的内容等着大家去理解、去思考、去批评和指导。站在杰夫朋友的角度，我希望大家可以给予杰夫更多的批评和指导。当然，你们的鼓励和认可会带给杰夫超出名利和经济的收益。我想，对杰夫来说，在他的职业生涯中，最重要的就是这些。

最后，祝大家在阅读本书时可以得到一些帮助和启发，这也是本书毋庸置疑的、最大的价值所在。

潘博众 传统行业研究员

前言

本书的创作目的

2018 年年底，我负责的人工智能（Artificial Intelligence，AI）项目在上线运营半年后，在深圳市 40 多个项目中脱颖而出，获得了“香蜜湖金融科技创新奖”。同期，该项目的机器人技术获得雷锋网评选的最佳应用奖。2019 年年初，我负责的 AI 面谈项目在集团内部获评项目一等奖。同时，作为项目唯一的全职产品经理，我取得了不错的考核成绩，获得了超出预期的好评。作为一位走在保险科技领域前沿的产品经理，我在执行项目的过程中，逐渐积累了大量的经验。有些读者可能会说，这些都是平台给你的，你只是顺势而为。但在平台之外，我仍然取得了不错的成绩。

- 运用产品思维进行写作，连续两年被“人人都是产品经理”社区评选为人气作家。
- 不断分析并优化数据，公众号推文 24 小时阅读率可以达到 20%以上。
- 运用产品思维为自己制订训练计划，力量举三大项总成绩突破了 350kg。

我把产品经理的思维运用到生活中，获得了不错的回报。这就是我写作本书的目的——分享自己的高效产品思维，改变每个人的生活。

身份的转变会带来工作主要矛盾的变化，从而影响我们看问题的视角，产品经理也是如此。新手产品经理和老手产品经理是截然不同的，新手产品经理对落地能力有较高要求，而老手产品经理更倾向于定方向和带团队。因此，如果让一位有 10 年工作经验的老手产品经理和一位有 3 年工作经验的新手产品经理来比高效落地产品的能力，前者未必会占上风。因为老手产品经理擅长带团队，而对高效落地产品的操作细节或许已经不再熟悉。

基于此，我写作了本书，对自己的工作经验进行总结，同时也为大家提供一个指引，将产品经理在执行层面的问题、思考、方法论细致入微地展示出来。

本书是写给谁的

本书主要面向三类群体。

1. 为了千千万万个被产品经理“伤过”的研发团队

目前，市面上关于如何提高产品经理能力方面的书籍相对较少，这就造成了以下两个问题。

（1）产品经理的学习和培训资料远远不够。

（2）优秀的程序员很容易被水平较差的产品经理拖后腿。

在实际工作中，我见过太多新手产品经理，他们出现过各种情况、遇到过各种问题。比如，产品经理 A 因为没有完全理解客户需求，导致今年 2 月份做的功能，3 月份就因为不好用而被迫下线了，造成了设计资源和研发资源的极大浪费；产品经理 B 因为对产品的最小可行性产品（Minimum Viable Product，MVP）形态缺乏考虑，采用了复杂的方案，导致研发工作量骤增，却没有创造相应的价值。

总有业务不熟练的产品经理因为各种各样的问题，造成研发资源、设计资源、测试资源的极大浪费，更有甚者会导致产品研发的失败。

所以，在这么多血淋淋的教训面前，我觉得我应该为研发团队做些什么。

2．为了知识匮乏的新手产品经理

新手产品经理的定位是执行者，老手产品经理的定位是决策者。

很多产品经理因为缺乏指引，不能顺利通过新手期；或者被揠苗助长，在没有较强的执行能力的情况下，快速过渡到决策层，从而导致自己的决策能力较差。

同时，由于老手产品经理大量输出，不能给新手产品经理提供很好的指引，必然会导致大量非典型、非科班的新手产品经理挣扎在产品一线。

本书并不能解决这方面的所有问题，但可以通过方法论的科普、产品思维的交流和学习来解决大部分问题。

3．为了广大的潜在产品经理群体

作为产品经理方法论和思维的忠实粉丝，我深刻地感受到了产品经理这个岗位给我带来的变化。

如果每个岗位代表一个学科，那么法务专员代表法学，算法工程师代表高等数学，数据分析师代表统计学，而产品经理应该代表以逻辑学和心理学为基础、以经济学和美学等为辅助的综合学科。这就意味着产品经理的方法论具有普遍性，对各种生活场景有广泛的指导意义和价值。

对于这样一套优秀的方法论，我希望可以传播给千千万万想入门的潜在产品经理和遇到困难的产品经理，甚至是仅仅有成为产品经理念头的朋友们，希望这些内容可以解决大家在工作和生活中遇到的逻辑问题、沟通问题和决策问题。

不论大家是否想做产品经理，本书对提高大家的工作效率都是有一定参考价值的。

本书的价值

作为一位专门梳理产品方法论的产品经理，我认为每种方法都有其弊端和使用范围。因此，大家在使用的过程中应该发挥主观能动性，灵活决策。即使方法失效，我们也可以通过分析提高自己的思考能力，这是永远都不会失效的。

在互联网的下半场，尤其是在 B 端产品经理的缺口逐步扩大、要求逐步提高的情况下，我觉得有必要分享一下我的个人经验，从而为整个行业能够在当前趋势下顺利发展做出一点贡献。所以，如果你是 B 端产品经理或有意从事 B 端产品工作，那么你可以从本书中学到很多方法；如果不是，也没关系，你同样可以从本书中得到很多启发，学习 B 端产品经理的工作案例，拓宽自己的视野，从而有所收获。

本书的内容都是依据真实的案例来写的。因为我相信，只要是产品经理，其能力大多都是通用的。这就意味着通过阅读本书，你不仅可以得到很多高效的方法论，还可以得到形成这些方法论的思想和思考能力，这也是本书的核心价值。

本书的结构

在我的逻辑认知中，一位好的产品经理一定是一位高效的产品经理，其能力模型如下。

产品经理有两个能力属性：主要属性是产品人，次要属性是职场人。作为产品人，首先要有足够高效且优秀的业务能力，了解用户、需求、项目、产品；其次要有足够的专业能力和较高的个人修养。作为职场人，要养成良好的职场习惯以保障自己的专业能力。

能力+方向=价值，所以产品经理除了要有以上这些能力，还要有良好的方向选择能力。当然，能力越强，可选择的机会就越多；可选择的机会越多，能力就越能得到提升，两者是相辅相成的。

除此之外，产品经理还需要不断输入体系外的各种知识来让自己更快成长。也就是说，产品经理要有良好的自我学习迭代能力，以使自己不断进步、提升。

产品经理的工作和生活是分不开的，好的产品经理可以把产品思维用于提升生活品质，懂生活的产品经理也可以把生活中的灵感用于工作，两者可以相互促进。

综上所述，本书的结构如下。

第 1 章，探讨产品经理的能力、境界和日常，总结产品经理的发展方向和核心竞争力，指出高效产品经理的必要性。

第 2 章，针对产品人这个属性，从用户市场到需求分析再到产品逻辑，环环解构。

第 3 章，结合职场人这个属性，着重讲述产品经理应具备的个人素养和能力。

第 4 章，阐述一位优秀的产品经理应如何进行自我提升。

第 5 章，着重讲述产品从产生到落地的完整流程，以及一系列产品分析。

第 6 章，分享一些有趣的项目经验，通过交流引起共鸣。

在结构安排上，本书按照重要程度进行排序，从前到后逐步拆解产品经理的核心能力，搭建一套关于高效产品经理的知识体系。

姜杰夫 平安集团 AI 产品经理

目录

第1章

产品经理高效导论

1.1 什么是产品经理

1.1.1 产品经理的定义

产品经理（Product Manager）是企业中专门负责产品管理的岗位。产品经理主要负责通过对用户进行研究、对市场进行调研，来确定开发何种产品、选择何种业务模式和商业模式等。同时，产品经理还要负责协调研发、营销、运营等相关部门的工作，确定和组织实施相应的产品策略，以及从事其他一系列相关的产品管理活动。

“产品经理”这个概念对相关从业者来说既熟悉又陌生，其被各类书籍、自媒体、百科定义了上千次，也被大众质疑过无数次。从广义上来讲，产品经理是负责保证产品质量，整合研发、营销、运营、法律等相关部门的资源并使产品规划落地的岗位；从狭义上来讲，产品经理在各个企业内部的定位和工作却略有不同。

1.1.2 产品经理的形态

从狭义上来讲，产品经理的形态是错综复杂的。

第一位产品经理出现于 1927 年的美国宝洁公司。为了让销售经理能够考虑到不同的产品线，产品经理这个岗位应运而生。而由于传统行业更加注重销售管理，导致了这个名义上的产品经理的工作更倾向于销售，而非研发。

随着互联网时代的发展，从软件到硬件，从 B 端到 C 端，产品经理的形态更加丰富了。

- 在注重驱动设计的苹果公司，我们认识了偏重于给各种软件、硬件产品定义的产品教父——乔布斯。

- 在注重B端平台的阿里巴巴，我们看到了偏重于为业务赋能的产品经理——马云。
- 在注重 C 端平台的腾讯公司，我们看到了精于流量运作、平台搭建的产品经理——马化腾。
- 在金蝶等软件公司内部，我们可以看到庞大且复杂的软件系统，其产品经理往往深谙技术和数据知识。
- 在注重创新的社交软件公司，产品经理的交互设计、视觉设计能力甚至可以达到专业设计师的水准。

产品经理岗位涉及的领域非常广泛，因而其形态会随着企业要求的变动而变动。于是，更多的细分岗位出现了。产品经理们纷纷开始转岗，有的成为前端产品经理，有的成为后台产品经理，有的负责云服务产品，有的负责内部办公系统。虽然产品经理的细分领域非常复杂，但评判其能力的标准是统一的。

1.1.3 产品经理的核心竞争力

评判产品经理能力的标准就是其核心竞争力。那么，产品经理的核心竞争力是什么？

由于产品经理岗位涉及的领域非常广泛，所以其核心竞争力的范围也很广泛。下面我们主要从两个层面来探讨这个问题。

1. 是否具备产品经理的能力

产品经理的能力分为通用型能力和专业型能力。通用型能力包括技术、运营、视觉设计、交互设计、文案写作、广告设计等能力；专业型能力主要围绕业务分析来讲，即在某个垂直领域内的经验、眼界、水平。

在互联网行业里，不管你从事哪种产品的开发工作，都会用到通用型能力。通用型能力可以应用到不同类型的产品中，但这只能决定你的产品能力的下限。一般来说，产品的用户体验包含以下 5 个要素。

（1）战略层：用户需求、产品目标。

（2）范围层：功能规格、内容边界。

（3）结构层：交互设计、信息架构。

（4）框架层：界面布局、信息层级。

（5）表现层：视觉设计、感知设计。

通用型能力往往只能决定这些要素的部分水平，或更偏向于外在水平，因而它决定了产品能力的下限。而产品的灵魂往往是这些要素的内在水平，内在水平决定了产品的高度。对产品灵魂的把控需要建立在不断积累的专业型能力的基础上。所以，真正决定产品经理的产品能力上限的是其专业型能力。

但一些产品经理的专业型能力往往局限于某一领域。比如，一位做保险企业交易后台的产品经理，是不太容易转行做社交产品经理的。即使你没有选到自己最喜欢的方向，但只要你选择接受这个事实并不断努力学习，不久，你也会具备这个领域内基本的产品能力。

所以，只有专注于当前领域，不断学习，才能较完备地具备产品经理的能力。

2．是否高效

产品经理的工作是繁杂琐碎的，如果没有良好的优先级意识和任务管理能力，那么你创造的价值会越来越少。在工作中，大家一定见过如下场景：有的产品经理同时负责了很多项目，仍得心应手；有的产品经理专门负责一个项目，却焦头烂额；有的产品经理按部就班、有条不紊；有的产品经理常常迷茫、不知所措。

这就是高效与低效的区别：高效的产品经理会把有限的精力投入最重要的事情上，

而低效的产品经理将会在工作中越来越被动。这种情况可以用四象限法来解决。我们可以把所有的事情按照重要和紧急程度划分成四个象限：需要优先处理的是那些既重要又紧急的事情；不需要处理的是那些不重要、不紧急的事情；尽量指派他人处理的是那些不重要但紧急的事情；需要制订计划的是那些重要但不紧急的事情，这些事情如果不被妥善安排并加以处理，就会变成重要且紧急的事情，到时候就更加被动了。

也就是说，高效会让你的工作进入良性循环，逐步拉开与其他人的差距。高效和低效是一种持续的状态，长期的低效会阻碍能力的提升。因为低效代表在某些领域没有找到合适的方法，甚至态度不积极。

所以，高效处理工作的能力应该是产品经理的核心竞争力之一。

1.1.4 高效的产品经理

高效的产品经理是稀缺的产品经理，原因包括以下几个方面。

第一，行业的要求。如果你是互联网行业的产品经理，那么你应该知道互联网产品的快速迭代有多么重要；如果你是企业内部系统的产品经理，那么你对于业务的压力应该深有体会。

第二，岗位的要求。在互联网兴起阶段，好的产品经理非常稀缺，找到一名会做事的产品经理是很不容易的。但随着行业不断发展，会做事的产品经理越来越多，此时做得又快又好的产品经理将更有市场。

第三，趋势的要求。在职场上，不单单是产品经理岗位，任何岗位都讲究高效。产品经理在做产品人之前，首先要做一个合格的职场人，而职场就是一个讲究高效的场所。

基于这 3 个方面，如果能做到高效，那么你创造价值的能力将大大提升，相应地，你的发展前景和待遇也会更好。

反过来，从产品经理自身来讲，高效会带给其更大的价值。

（1）高效的产品经理会有更多时间进行思考。

（2）高效的产品经理会有更多精力进行创造。

（3）高效的产品经理会在学习中受益更多。

高效让我们创造更大的价值，而这些价值又会变成经验帮助我们，让我们变得更加优秀。这样良性循环下去，高效的产品经理会越来越优秀，而低效的产品经理将面临被淘汰的危机。用发展的眼光来看，产品经理走向高效是实现企业与个人互惠共赢的必由之路。

总而言之，走向高效，是新时代产品经理的重要导向。

1.1.5 什么样的人适合做产品经理

既然高效对产品经理来说如此重要，那么在评估一个人是否适合做产品经理时，就要把能否做一名高效的产品经理作为标准，否则他很容易成为这个竞争激烈的行业里的牺牲者。如果仅仅因为“我能做”而进入这个行业，那么将会有很大概率“害人害己”。

所以，如果你想成为一名产品经理，那么首先要问自己：我能不能做？其次还要评估：我能不能做好，我能不能做得比别人更高效？

该如何进行评估呢？主要从两个方面进行。

（1）抓住机遇：我能不能做好？

（2）应对挑战：我能不能坚持下去？

能不能做好，讲的是能力。

首先，要有逻辑思维能力，喜欢进行理性分析，同时兼具一定的感性能力和艺术细胞。这是产品经理入门的门槛。没有这种能力，是不足以成为一名合格的产品经理的。但好在这种能力可以通过进行逻辑训练和产品分析来不断加强。所以，从这个角度而言，只要你有热情，产品经理的大门将永远为你敞开。

其次，认同产品经理的做事方式，喜欢把高效作为追求，只有这样，才能脱颖而出。在入门后，要想取得更高的成就，必须要做到高效地处理工作、高效地学习。互联网产品是需要快速迭代、不断革新的，墨守成规的产品经理很快就会遇到瓶颈。

最后，能够接受错综复杂的产品流程，敏锐地发现问题、冷静地处理问题。在产品经理岗位工作的前 3 年甚至前 10 年，会不断地遭遇研发问题、需求问题、产品失败和团队挑战。只有拥有足够的热情和强大的内心，保持冷静的头脑，才能守得云开见月明。

能不能坚持，讲的是面对挑战的态度。

任何事物都有两面性，产品经理也一样。你在享受产品经理的领导力的同时，也要面临无尽的压力和变革。单单拥有对产品的热情和理想是不足以支撑你走下去的，因为热情和理想会让你提高对自身的要求和期待。因此，我们要给自己佐以强大的内心，才能确保自己冷静下来创造价值；要不断提升自己的抗压能力和调节能力，才能使自己经得住挫折的打击。

1.2 产品经理的一天是什么样的

要想成为一名优秀的产品经理，需要了解一些具象的问题。不如，先从了解产品经理的一天开始。通过了解产品经理的日常工作，或许可以解决以下问题。

- 我适不适合做产品经理？
- 我能否转岗到产品经理岗位？
- 我是“野路子”，能做产品经理吗？
- 我有做产品经理的天赋吗？

如果讲天赋或能力，可能有些难以理解。初入行的产品经理，连第一手的实战经验都少有，又怎么能理解这样抽象的问题呢？所以，我直接介绍产品经理的日常工作，给大家一个直观的解释。

选择一个岗位、一份工作，其实就是选择一种生活。能否长久而有激情地做下去，就要看你能否安于这样的生活现状。下面我们来看看产品经理一天的生活是怎样的。

1.2.1 产品经理的日常工作

这些年来，通过观察身边产品经理的日常工作，我发现他们有很多共性。下面，我将产品经理的日常工作按时间顺序总结为以下两点。

1. 上午统筹全局，中午高效利用

上午，来到公司后，你可以先处理一些日常事务。比如，核对工作进度、定位工作中存在的问题，以确保问题没有被长时间搁置而扩大损失。随后你可以出席一些紧急的方案型会议，为关键工作做一些准备。这样安排是因为上午的时候人的思维容易处于放空状态，这段时间适合处理一些杂事，使自己慢慢进入状态。

处理完这两部分事情，一般就到中午了。中午的时间一般比较紧张，但是充分利用起来也会产生奇效。不妨和相关合作伙伴聊聊天，这样既可以高效地获取信息，又

可以获得更多灵感。有的时候听听别人的意见，好过自己冥思苦想一整天。饭后可以看一些新闻资讯，换换大脑并积蓄力量，为下午的工作做好准备。

2. 下午疯狂输出，晚上自我建设

下午是一天中的主战场，你可以安排一些评审会议、设计会议。下午的工作不求快，但求有节奏，有节奏才能保证这些会议的价值，从而避免让自己变得焦头烂额。有节奏的同时也要合理安排休息时间，在休息的时候准备好零食，一方面补充体力和脑力，另一方面可以把这些当作小礼物送给开发或设计人员。这样做可以建立团队成员之间的情感纽带，提高团队凝聚力，达到事半功倍的效果。

处理完各种会议和对接事宜后，给自己一段放空的时间，不回邮件，只接紧急电话。用心、高效地阅读、研究一些与手头项目相关的资料，细致地更新文档，总结好当天的工作。这样做有利于产品经理理顺工作流程、掌控工作进度，从而得到满足感。

上班时间结束后，处理完公司的事宜，尽量为自己安排半个小时到一个小时的运动时间，强身健体，并为后续工作做好准备。

回到家洗漱完毕后，终于可以拥有属于自己的时间了。在这段时间里，你可以选择阅读或玩游戏，让自己放松一下。睡前冥想一方面是为了缓解压力，另一方面是为了远离屏幕、缓解脑疲劳。

除了按时间顺序了解产品经理的日常工作，也可以按其日常工作内容进行分类。

我们可以将产品经理的工作内容分为以下几类。

（1）日常琐事，大量的问题回复和邮件处理。

（2）数据分析，产品运营相关数据的分析。

（3）交互设计，和设计师进行方案探讨。

（4）文档编写，编写逻辑严谨的需求文档。

（5）汇报报告，涉及 PPT 的制作和咬文嚼字。

（6）突发事件，每天大量的突发事件的处理。

（7）对外沟通，和外部客户及供应商进行洽谈。

（8）运营方案，介绍产品功能和运营重点。

（9）自我提升，专业能力的提升。

（10）协调追踪，跟进和沟通。

综上所述，产品经理这个岗位与其他岗位的不同之处在于突发事件较多、对协调追踪能力的要求较高、对整体工作能力的要求较全面。相比于程序员和设计师在某一命题下的见招拆招，产品经理需要承受更多命题、更多方向、更多类型的错综复杂的工作内容。是否具备管理能力和足够的耐心，是能否顺利完成工作的关键。

有些人可能觉得自己是没问题的，但仍要有一个心理准备：随着不断升职加薪，你的工作内容可能有增无减。如果你是一个心向一线的产品经理，那么你就要做好打持久战的准备。在升职之后，你的工作无非从具体的追踪、跟进，变成更多的汇报、沟通。作为一个资源部门的掌控者，你可能交到的是不吝赐教的朋友，也可能换来的是他人的不理解，这都需要你去经营、去承受。

1.2.2 总结

总而言之：

- 产品经理岗位与技术岗位相比，是繁杂琐碎的，但也有社交带来的成就感。

- 产品经理岗位与行政岗位相比，是独特且没有上限的，前者需要付出更多的努力。
- 产品经理与研究分析人员相比，对自身的要求更多的是出众的落地能力和扎实的基本功。

我们在看到产品经理风光的一面时，也要感知到他们日复一日的努力。

- 看清楚内心的追求，是攀登技术高峰，还是沟通八方资源？
- 看清楚内心的热爱，是一时兴起，还是喜欢这种生活方式？
- 看清楚内心的选择，是否愿意选择承担责任，排除万难，让项目平稳落地？

能回答这些问题的时候，就是我们该出发的时候。

1.3 产品经理应该具备哪些能力

如果你决定成为一名产品经理，就要问自己：我什么时候可以算是一名真正的产品经理？

长久以来，我们多次探讨过这个问题，却难以得出一个统一的结论，毕竟一千个人眼中有一千个哈姆雷特。在这个人人都可以是产品经理的时代，成为一名产品经理显得顺理成章。

但是我认为，一名出色的产品经理一定具有某种特质。这种特质在日常工作中也许显露得并不明显，但是忽略这种特质的产品经理一定会慢慢走向固化、边缘化，最终迷失在日常琐碎的工作中。在此，我访谈、整理了身边产品经理的工作日常和体会，并查阅了《一本小小的蓝色逻辑书》《餐巾纸的背面》等书籍，试图完整、准确地回答这个问题。

1.3.1 工作流检视

产品经理的工作主要是围绕需求从产生到落地这一过程而展开的，具体的工作流和迭代周期如下图所示。

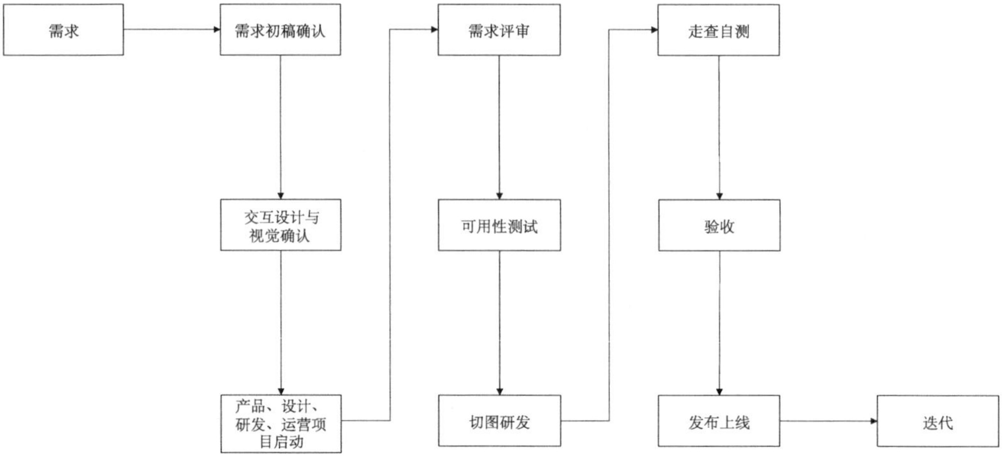

针对以上内容，我总结了几个工作阶段，又整合了一些必要的能力。

（1）需求阶段：需要运用同理心来定位问题，结合逻辑思维进行规划，再通过编写文档进行输出。

（2）设计阶段：需要懂交互设计，有一定的审美意识，能够从全局的角度看待问题。

（3）研发阶段：需要具备良好的时间管理（Getting Things Done，GTD）能力以顺利推进项目进程，同时需要具备一定的亲和力以方便沟通。

注意：以上能力的划分并非完全对应这些阶段，仅仅是我与同事研讨得出的第一结论。产品经理工作的模块化划分及职业边界也是我们常常探讨的话题，但本节内容不涉及职业边界，仅仅针对必要的能力进行分析。

我们将以上能力整合为 5 点，下面将其逐一拆解并进行具体分析。

（1）极富同理心。

（2）善用逻辑思维。

（3）优秀的沟通能力。

（4）具备大局观。

（5）具备责任心。

1.3.2 能力拆解

1. 极富同理心

对于同理心，大部分的书籍都是针对用户来讲的，而我将其总结为以下 3 点。

（1）对于用户的同理心。

这一点是我们最熟悉的一点，即“一秒变小白”的能力。对于用户的同理心，体现为“不让用户思考”的设计思维和“接近用户”的用户研究。任何产品都是以用户价值为出发点的，而同理心是通向用户内心需要的必要桥梁。没有对用户的同理心，是无法胜任产品经理这一岗位的。

（2）对于关联方的同理心。

这一点尤为重要，尤其是负责过对接外部组织的产品经理对此感触更深。我们对于关联方的开发成本、开发周期、与我们的利益关联并不熟悉，因此如果能够快速体会到关联方的核心需求，就能成功促成合作。在和关联方合作的时候，我们会遇到大量的摩擦和问题，如果没有对于关联方的同理心，我们就会陷入自说自话的境地，对关联方的困难置若罔闻，从而导致合作难以推进。

（3）对于上下级的同理心。

这一点是针对没有管理经验的产品经理而言的。在企业内部，大部分工作还是存在潜在层级关系的。在恰当的时候拜托你的上级、促使你的下级在各自的领域把工作推进到位，是作为一名资深产品经理应该具备的一种能力，而这种能力是在摸爬滚打的实践中形成的。这也是一些公司将工作 3～5 年作为产品经理门槛的原因，因为有些经验是需要通过时间的沉淀不断积累的。不可否认的是，有些工作年限不长的产品经理依然具备优秀的管理能力，但在招聘方看来，一定年限以上的产品经理更有可能成为优秀的管理者。

2．善用逻辑思维

善用逻辑思维，避免“拍脑袋”做决策，在做任何事情的时候，都要有明确的思考方式和评判标准。知得失，知对错。这就需要我们具备客观、全面、严谨、灵活的思考能力。

（1）客观：做一个成熟的思考者。

同一种客观情况，通过不同的角度和逻辑表达出来，会产生截然不同的效果。如下面这个案例。

> 雷曼斯是一个偷马贼。在他被处死后，政府的档案和家人的讣告中都讲述了这件事情，但是角度和文风完全不同。在家人的讣告中，雷曼斯偷马贼的身份被讲成著名牛仔，6 次抢劫被讲成 6 次引起轰动的活动，全国通缉被讲成享誉全国。明明是板上钉钉的事实，却被随意按照个人目的曲解，最后描述得如此滑稽。

这个案例告诉我们，要避免受主观意识的左右，避免偏见和刻板印象。因为有些信息传播方很可能为了达到某种目的或基于某种立场，刻意歪曲事实。因此，只有抓住事件的核心才能优化沟通效果。产品经理是沟通的黏合剂，如果不能做到客观、成熟地面对问题，就会影响沟通的效果。

（2）全面：掌握创意思考法。

所有的问题几乎都可以通过垂直和水平两个方向进行思考。

创意思考法告诉我们：当遇到问题时，首先要厘清它的逻辑线。厘清之后，可以先从垂直方向思考逻辑方案，层层审视前提和必要条件，看看能否解决问题。如若不能，再跳出现有逻辑前提，从水平方向寻找新的逻辑方案。我们在工作中应该保持一丝不苟的态度，警惕程序化的思维定式，防止一成不变地思考问题。特殊时期，遇到特殊问题，要用特殊方法。

（3）严谨：掌握魔鬼代言人法。

一名好的产品经理需要学会自我质疑。

魔鬼代言人法指的是自己扮演自己的对立面，对自己的方案提出质疑。这种方法对于谈判准备和需求评审准备至关重要。这种方法源自优势、劣势分析的思维，即列出与自己观点相反的观点，再列出其反驳点，以此证明自己的观点。

魔鬼代言人法可以让我们在气场上占据上风，从而使他人更好地理解我们的观点。

（4）灵活：掌握头脑风暴法。

头脑风暴法是一种灵活的思考方法，但前提是要有正确的原则。头脑风暴法的核心在于设想出有价值的点子，因此达成共识环节一定要与头脑风暴环节分开。通常，我们会因为以下 3 种原因而扼杀点子。

① 不敢怀疑显而易见的事情。

② 当评判或判断一个新的点子时。

③ 害怕自己提出的点子被否定。

评判很可能会扼杀一个有价值的点子，要么造成过早决策，要么造成错失良机。所以，在头脑风暴环节，一定要让思维灵活起来，尽可能提出你的所有想法。

3. 优秀的沟通能力

优秀的沟通能力，具体体现为以下两个方面。

（1）善用图形化的语言：《餐巾纸的背面》。

《餐巾纸的背面》是一本很好的书。书中提到，要善用图形化的语言，用图示来阐述或表达自己的意思。

这本书告诉我们：学会用图说话是一种能力。在很多情况下，图示可以产生更清晰的表达效果。所以，当你的需求文档过于冗长时，不如尝试用图示来增强文档的可读性。具体用什么图示，我会在后文着重讲解。

（2）以理服人：别被需求牵着走。

产品经理本身就是一种资源，而不是需求的“二传手”。如果产品经理没有自己的判断和原则，就会被需求牵着走，从而变得边缘化。所以，对需求进行甄别处理是产品经理工作的基础。具体是否能将需求落地，要根据需求的实际情况而定。

4. 具备大局观

产品经理应具备大局观，大局观具体体现为以下两个方面。

（1）做好汇报和记录——GTD。

一定要记住，GTD 只是一种手段，并不是一种良药。GTD 是一项有成本的工作，比较适合在工作之余去做。GTD 不具有快速记录功能，真正的 GTD 包括记录、分析、整理、总结环节。我建议大家进行 GTD 练习，这有助于增强思维的条理性。对于 GTD 工具，推荐大家使用 Wunderlist，其他工具如 Trello 等更偏重于团队协作而非个人管理，因此不太适合使用。关于 GTD 的更多内容，我会在后文具体说明。

（2）复盘。

产品经理不但需要抓细节，还需要把控全局。

复盘包括细节复盘和宏观复盘，我们把细节复盘称为“放大镜”，把宏观复盘称为“望远镜”，这里主要强调宏观复盘。相比于细节复盘，宏观复盘往往可以提供更多、更受用的方法，有效帮助产品经理从整体上把控产品。宏观复盘不仅可以增加产品经理对产品功能的了解，还可以为其甄别需求提供更多的信息。

细节复盘往往关注以下方面。

① 交互是否合理、视觉是否美观。

② 逻辑是否通顺、漏洞能否修复。

③ 能否满足性能、能否支持并发。

宏观复盘往往关注以下方面。

① 是否符合战略和产品发展要求。

② 是否可以和现有功能相结合。

③ 此时此刻是否有更好的方案。

只有不断进行宏观复盘，才能对产品有一个整体的了解，而进行细节复盘仅仅是执行层面的提升。所以，细节复盘决定了你的下限，而宏观复盘可以提升你的上限。

5. 具备责任心

责任心来源于对产品经理岗位的热爱、对产品的热爱、对自己的要求等很多方面。对一名产品经理来讲，并不需要具备用户界面（User Interface，UI）那么专业的设计能力，也不需要具备非常专业的知识，因为企业需要的是一名懂得团队合作的产品经理。产品经理岗位的性质决定了其对相关从业人员的素质要求，产品的好坏与产品经理是否有责任心息息相关。

当然，你可以调侃自己是“背锅侠”，但你的心中千万不能有“锅”这个概念，因为产品应该是你心中热爱的东西，而不是一口黑锅。

1.3.3 总结

以上是我对产品经理的能力的分析，但这仅仅是冰山一角。产品经理应具备哪些能力是一个永恒的话题，市面上大部分书籍很难全面地概括一名产品经理需要具备的能力。在这里，我想对刚入行的新人和处在迷茫中的同行说：不要怀疑自己，更不要怀着抱怨的心态工作。

有些人不愿意付出努力，却寄希望于某种工作、某个岗位是“最合适自己”的。殊不知，一块石头只有经过打磨才能变成精美的工艺品，没有一种“合适”是不需要摩擦和自我修正的。

1.4 产品经理的三个境界之一——入门

接下来，我想谈谈产品经理的三个境界，即入门、进阶、终极。

在入门阶段，我们主要关注产品经理的成长速度。这意味着在这个阶段，产品经理的知识输入需求将非常旺盛。因此，本节主要围绕如何学习来阐述。

- 学习来源：我们可以从哪儿学。
- 学习目标：我们为什么学，我们应该学什么。
- 学习方向：我们应该如何学。

下面我会分享一些自己的亲身经历及比较实用的经验，并结合一些趣味题目来回答上述问题。

1.4.1 学习来源

除了工作和实习，在日常生活中也可以学习许多产品经理的知识，其学习渠道主要有以下几种。

1. 与前辈面对面交流

我推荐大家应经常和工作 1～3 年的产品经理进行交流。这是因为产品经理岗位涉及的领域十分广泛，因此其需要掌握一定的工作经验才能得到比较客观的结论。如果你不认识这类产品经理，与业内的学长、学姐交流也是比较好的选择。但是为什么不推荐大家与工作 10 年的老手产品经理进行交流呢？那是因为老手产品经理的工作更偏重于管理，其工作内容已经发生了质变，从“见树木”变成了“见森林”，因此其对细致入微的工作的感触自然不如工作 1～3 年的产品经理的感触深。

2. 阅读书籍

我不想列长长的书单让大家去阅读，如业内人士常推荐的《启示录》，这本书在我看来是不适合新人阅读的。《启示录》的内容大多从团队管理、项目全程、公司战略、产品定位等视角来进行讲解。对初入职场的产品经理来讲，更应该关注的是项目跟进和基本功，过多、过早接触这本书中的内容，会使其变得眼高手低。当然，如果你进入的是一个精干的创业团队，那么你可以广泛涉猎。但如果你是在一家大公司中任职的，那么请先当好一颗“螺丝钉”。在“螺丝钉”阶段，我着重推荐《产品心经》这本书。这本书用叙事的方式阐述了一些基础知识，通俗易懂，从中得到的知识不亚于和一个前辈交流所得。

3. 内容社区

大家可以选择 36Kr、公众号、“人人都是产品经理”等垂直领域的优质内容社区进行交流。内容社区的作用主要是对所学的知识进行试错和验证消化，在内容社区中，大家可以通过提问和他人进行交流，反复强化自己的认知。从知识摄入到整理输出，完成了这一整个过程才算消化了知识。如果仅仅浏览一遍内容，浅尝辄止，那么你无法从中得到任何有用的知识。所以大家在看完一项内容之后，要对其中的知识加以分析并整理留档，而不是走马观花的摘抄。

4. 培训班

通过参加培训班，我们可以获得一些实战的经验。因此，建议那些迷茫且有预算的新人可以尝试一两次，这也是不错的经历。这里要着重强调的是，培训班不仅可以帮助我们获得知识，它的优势和价值在于，通过培训我们可以获得一线的经验和人脉，这很可能成为日后我们求职的突破口之一。

1.4.2 学习目标

制定学习目标很重要，因为有目标才能有需求。在需求的驱动下，我们可以有更好的学习理解能力。缺少学习目标，什么都想抓，只会让我们更加迷茫，导致我们的学习变得没有体系、没有重点。最关键的是，如果不通过实践来提升知识熟练度，我们很难掌握知识。所以，在自学的时候，大家可以先学习一些基本知识，再适当给自己安排一些实践来巩固知识，最后将自己的经历分享给他人，这是一条检验成果的有效路径。

那么，我们应该学什么？下面简单介绍几个学习工具。

1．导图工具：XMind

导图工具是我们进行头脑风暴记录和梳理逻辑线的关键工具。它可以把线性的内容转化成结构化的思维导图，从而使我们的思路更清晰。对于 XMind 工具，我们至少要掌握其快捷键、样式排版、优先级标注等功能。推荐的练习方式是，画一个 App 的功能结构图，通过对结构图进行梳理，快速熟悉这个工具的各项功能。

2．原型工具：Axure

对于原型工具，我们可以从最基本的 Axure 学起。当然，市面上还有很多优秀的原型工具，如 Mockplus 等，但 Axure 的功能是最基础、最系统的。打个比方，Axure 就好比手动挡汽车，而其他原型工具就好比自动挡汽车，相比之下，手动挡汽车的应用范围更广一些。对于 Axure 工具，我们至少要学会用它画最基础的控件、原件类型等。推荐的练习方式是，画一个 App 的界面内容和跳转关系图。

3．设计工具：Sketch

相对于 Photoshop，Sketch 是更轻量级的设计工具。它可以迅速制作高保真原型，甚至可以制作动态效果。高保真原型的制作对试错和设计美感的培养是很有帮助的，但也不要太过沉迷于这些显性特性，因为产品背后的逻辑才是关键。在运用 Sketch 工具进行练习时，我们可以通过临摹某款 App 的主要界面，了解设计和前端工作者是如何工作的。

4．汇报工具：PPT

PPT 可以说是最方便的汇报工具，它可以达到“一图抵千言”的效果。PPT 有两个重要的原理：一个是栅格化设计，另一个是色彩理论。栅格化设计可以先从基本的辅助线练起，找到对齐和排列的美感；至于色彩理论，我们可以在各种设计网站上寻找灵感进行练习，采用三原色、类似色等搭配方法，同时注意字号和元件的大小要符合基本常识。我们可以在网上学习这些知识。

5. 笔记工具：印象笔记

印象笔记是一种比较综合的速记和归类笔记工具，我们在做笔记时可以使用这个工具。当然，有能力的学习者也可以使用 Markdown 编辑器。对于 Mardown 编辑器，我们可以选择使用马克飞象工具在印象笔记上使用，也可以选择使用有道云等优秀工具，解决排版和连贯性的问题。

以上是我推荐的几个工具，根据每个人的工作平台和喜好不同，可以稍加调整，但是这几个方面的内容是一定要掌握的。如果你当前苦于没有顺手的工具，那么不如从上面列举的这几个工具开始尝试，相信你一定不会失望。

1.4.3 学习方向

学习方向主要为软实力的提升。软实力是指除工具和基本功外的思想和方法论。软实力是比较难以量化的，这就意味着我们很难找到其目标和上限，只能划定一个方向，并通过不断训练和积累，让我们的思维顺着这个方向深入。

比如，有的人可以利用 Axure 工具做一个高保真动效 App，但这并不意味着他就是一名好的产品经理。产品经理的工作效率取决于其自身的思想体系及眼光的高度。

我着重推荐两个必须要掌握的思想方法。

1. 逻辑思维

逻辑思维是产品经理最基本的思维能力，主要体现为严谨和全面。严谨使我们的推论更有说服力，能够抓住问题的关键；全面意味着思维的灵活性和突破性，以免我们局限在某一个垂直领域的问题上。

逻辑思维不是 1+1=2 的简单算法，它有很多变数，如论证的前提、结论分析、推理等。

如下面这道题。

A、B、C 三人都喜欢说谎话，但他们有时候也说真话。某天，A 指责 B 说谎话，B 指责 C 说谎话，C 说 A、B 两个人都在说谎话。假如已知其中至少有一个人说的是真话，那么请问是谁在说谎话？

参考答案如下。

假设 A 说的是真话，那么“A 指责 B 说谎话”为真，即 B 在说谎话，则“B 指责 C 说谎话”为假，即 C 说的是真话，则“C 说 A、B 两个人都在说谎话”为真，这和假设 A 说的是真话矛盾。所以，A 说真话这一假设不成立，即 A 说的是谎话。

在 A 说谎话的前提下，“A 指责 B 说谎话”为假，即 B 说的是真话，则“B 指责 C 说谎话”为真，即 C 说的是谎话，则“C 说 A、B 两个人都在说谎话”为假，即 A、B 两个人中至少有一个人说真话，满足 A 说谎话、B 说真话的推论。

综上所述，B 说的是真话，A、C 说的是谎话。

很多时候，信息不对称会使我们忽略很多逻辑上的关键点，下面这道题可以帮我们意识到这一点。

所有的猕猴桃都是香蕉，猴子是猕猴桃，所以，猴子是香蕉。假如题干为真，下面哪个选项一定是真的？

A. 香蕉长在白云上，猴子吃香蕉，所以，猴子跟着白云飘

B. 猴子是猕猴桃，猴子是香蕉，所以，所有的猕猴桃都是香蕉

C. 香蕉是猴子，猴子跑在白云上，所以，香蕉追着白云跑

D. 老虎追猴子，猴子追香蕉，所以，老虎追猴子和香蕉

E. 猴子不是香蕉，但猴子确实是猕猴桃，所以，“所有的猕猴桃都是香蕉，并且天上白云飘”这句话是假的

这道题目的难点在于，逻辑是超脱字面意思的，如“吃”“跑”“飘”“追”等都是我们常识性的认识，题干中提到的却违反常识。所以，我们在工作中如果想做到严谨，必须要注意那些我们认为习以为常而他人却不理解的东西。大家可以来我的公众号“产品之术”，回复“猴子”，查看答案。

逻辑思维最系统的讲解，可以在公务员考试试题中找到。建议那些对自己的逻辑思维不自信的人可以去看看，你会有一种发现新世界的感觉。

2. 结构思考力

关于结构思考力的秘诀，可以通过下面这道题来揭示。

如何将 200mL 的水装入容量为 100mL 的杯子中？

我们可以采用头脑风暴法，看看可以得到哪些方案。

（1）将水冻成冰块。

（2）创造失重环境。

（3）用两个杯子。

…………

通过头脑风暴法，我们可以得到多种方案，但这些方案都是片面的、主观的、没有体系的。因此，要想得到更全面的方案，必须对题干进行分析。

通过分析发现，这道题中有 3 个元素：水、杯子、外部环境。

- 水的可变元素：形态。
- 杯子的可变元素：形态、数量、材料。
- 外部环境的可变元素：重力情况、温度情况。

通过观察可以发现，方案（1）是从改变水的形态的角度进行解答的，方案（2）是从改变外部环境的角度进行解答的，方案（3）是从改变杯子的数量的角度进行解答的。也就是说，所有的个体和变量都可以根据个人需要进行结构化处理，而结构化处理可以帮助我们厘清思路，这就是结构思考力。缺乏结构思考力，会导致我们在思考时陷入僵局或有失偏颇、无处发力。因此，运用结构思考力对题目和元素进行结构分析，可以得到更多方案。

1.4.4 总结

通过列举这些有趣的题目，希望可以帮助大家更加了解产品经理学习方面的这 3 个关键点。当我们反复思考这些问题时，我们可以获得更多的收获。因此，我们应摒弃那些灵感和焦虑驱动的学习方式，将学习与实践相结合，这是产品经理打好根基的关键。

1.5 产品经理的三个境界之一——进阶

进阶阶段也是提高阶段，下面我将从 3 个方面阐述产品经理在这个阶段应如何进行学习。

1.5.1 学习内容

在入门之后，就意味着你已经具备了一定的生产力和价值创造能力。但是，对一个公司来讲，生产力并不意味着盈利和成功，因为经营公司并不是个人的单兵作战，而是以团队为单位的协作生产。因此，必须要加强对生产关系维系的力度。很多时候，团队的价值创造能力并不是简单的 1+1=2，团队中经常存在团队成员配合不好、项目效果差等情况。因此，必须营造一个良好的团队氛围。

在这个阶段，生产方向开始变得重要。比如，如何确定下一步做哪些需求、应该砍掉哪些功能点等。方向往往比努力更重要，因为在资源不够的情况下，选对方向可以成为以小博大的关键。因此，在考虑问题时，我们要把生产方向和生产力相结合。

在提升方面，不要过分沉迷于工具层面熟练度的提升，而要多关注思路。这个阶段的学习资源仅限于第一手经验，这也是一个好的项目和好的公司能带给我们的最大财富。在这个阶段，我们会意识到个人力量的渺小及市场需求的庞大。此时，我们应该和设计师多沟通，而不是自己绞尽脑汁亲自进行交互设计；我们应该和数据分析师多沟通，而不是借助百度自己写蹩脚的结构化查询语言（Structured Query Language，SQL）。当我们意识到“术业有专攻”这点时，我们就会意识到自身资源的有限性，这时我们就需要进行资源配置和设定优先级了。

总之，这个阶段的学习内容主要是对生产关系进行提升，以及对生产方向方面的意识进行强化。

1.5.2 学习方法

那么，针对这个阶段的学习内容，我们具体需要做什么呢？下面我将分别进行阐述。

1. 生产关系

对产品经理来讲，管理好团队和掌握沟通理论非常重要。作为产品经理，我们会接到越来越多的、不同方面的需求，有些需求需要马上落实，有些需求可以延后。在需求评审中，我们不再只是方案的提出者和解答者，而更多的工作是去考量、评判他人的方案，甚至开始带团队。在项目实施的过程中，我们主要负责多个方向的多个项目，所以我们跟进的力度要有所改变。

在这个过程中，我们的思考也从如何把自己的事情做好，转变成如何带领团队一起把事情做好。

中级产品经理的岗位压力是比较大的，他们在确定生产方向上得不到足够的权力，却要承受更多的压力。因此，在工作中，他们自身的力量慢慢变得薄弱，而团队的力量慢慢变得重要。

从微观上来讲，团队关系是人与人之间关系的组合，因此维系好团队成员之间的关系至关重要。一般的团队可能由职级决定中心，这就意味着处于中心地位的人要把控好团队中大部分人的节奏。比如，你要让团队中 60%的人与你默契合拍，让 20%的人配合你的工作，并使其余 20%的人理解你的工作安排。而扁平化的团队往往具有去中心化的特质，其核心价值观的建立可以不以人为中心，但一定会有一个核心方向。找准这个方向，团队中的每个人都是黏合剂。

好的产品经理应掌握沟通理论，即对沟通风格不同的人采用不同的沟通方式。

那么，具体该如何做呢？以团队成员为例，有一个常见的分类标准，即根据每个人沟通风格的不同，判断每个人喜欢和擅长的沟通方式，从而使沟通达到事半功倍的效果。

沟通大致可以分为以下 4 种类型。

（1）理想型：可以围绕帮他实现理想展开沟通，适当给予其认同感。

（2）理性型：在与他进行沟通时，要给他充分的时间思考，不要谈论与沟通内容无关的事情。

（3）实践型：在与他进行沟通时，要肯定他的能力、包容他的缺点。

（4）表现型：在与他进行沟通时，要给他足够的重视和热情，避免过于关注他的缺点。

如果想知道某个人属于哪种沟通类型，可以采用以下两种方式。

（1）主观自评互评法：通过这种方式可以判断自己和他人属于哪种沟通类型。

（2）问卷法：通过选择不同的场景来判断自己属于哪种沟通类型。

当然，人们往往并不是只有单一的沟通风格，而是将两种或几种风格统一形成自己的沟通风格，并且其沟通风格会随着个人性格的不同呈现出各种复杂的组合。虽然沟通风格多种多样，但人们往往更倾向于一种主流的沟通风格，因此我们有必要在沟通时观察、了解他人的主流沟通风格。了解项目干系人的沟通风格，用他们喜欢的方式与他们进行沟通，可以达到有效沟通的目的，最终实现双赢。

2. 生产方向

要想掌握生产方向方面的意识，必须要有需求分析和优先级排序的能力。

从一名接受产品经理的需求，并进行跟进、落地的产品助理，成长为一名可以进行资源配置的产品经理，首先需要具备需求分析的能力。

需求分析分为两个阶段：第一个阶段是从场景到需求；第二个阶段是从需求到方案。大部分产品经理都把工作重点放在第二个阶段，即需求落地的过程，而忽视了第一个阶段的工作，导致其产品做出来之后，得到的数据不理想或用户反馈不好。

第一个阶段的主要工作是进行用户研究，即对用户的行为和诉求进行筛选，最后变成自己产品的需求。用户研究的首要目的是帮助企业定位产品的目标用户群，明确、细化产品概念。这个过程通过对用户的任务操作特性、知觉特征、认知心理特征进行研究，使用户的实际需求成为产品设计的导向，使产品更符合用户的习惯和期待。

在互联网领域内，用户研究主要用于两个方面。

（1）对新产品来讲，用户研究一般用来明确用户的需求，帮助设计师选定产品的设计方向。

（2）对已经发布的产品来讲，用户研究一般用于发现产品存在的问题，帮助设计师优化产品体验。在这个过程中，用户研究和交互设计紧密相连，因此一名合格的产品经理还需要了解交互设计的基本知识。

所以说，用户研究解决的是方向的问题，而需求落地解决的是效果的问题。但是只研究清楚了用户，并不意味着需求分析的结束。比如，用户可能有 10 个需求，其中有些需求是矛盾的，有些需求是强烈的，此时我们就需要进行产品定位，决定要满足用户的哪些需求，以哪些需求为切入点发力打动用户。

目前，有很多人对市场定位与产品定位认识不清，认为两者是同一个概念，但其实它们是有一定区别的。具体来说，市场定位是指企业对目标消费者或目标消费者市场的选择；产品定位是指企业应以什么样的产品来满足目标消费者或目标消费者市场的需求。从理论上来讲，应该先进行市场定位，再进行产品定位，因为产品定位是将目标市场的选择与企业产品相结合的过程，即将市场定位企业化、产品化的过程。

在产品定位完成后，还需要进行需求优先级的排序。它可以帮助我们拿出有理有据的方案来应对上级的压力、安排下属的工作。

1.5.3 总结

在进阶阶段，需要学习的方面还有很多，下面我简单给大家介绍几点应该注意的事项。

1．不要闭门造车

要慢慢放下单兵作战的想法，积极与他人进行沟通、交流，提升自己的实力。一个人的力量是有限的，而团队的力量是无穷的。

2．不要只谈产品

在这个阶段，我们不仅需要与研发团队打交道，还需要进行跨部门沟通，因此我们要改变之前自说自话的沟通方式及看问题的视角，学会换位思考。

3．不要忽略人脉

在这个阶段，我们将处于沟通的主力地位，露脸的机会将会增多，因此我们可以迅速地积累人脉。不管从事哪个行业，人脉积累都是非常重要的。

进阶阶段是我们从产品助理到产品经理的质变过程，也是我们对产品工作全貌的体验过程。当我们准备从产品助理进阶到产品经理时，我们应该更多地关注团队和产品定位，接受新的游戏规则，迎接更广阔的世界。

1.6 产品经理的三个境界之一——终极

终极阶段的思路与前两个阶段略有不同，原因如下。

（1）可供参考的处于终极阶段的产品经理的成熟样本过少。

（2）随着工作年限的增长，产品经理难以量化的能力越来越多，接触到的领域也越来越细。

不管在终极阶段会遇到多少困难，我们终要经历这个阶段。那么，在这之前，我们需要做哪些准备呢？在这里，我想跟大家分享一些我之前在小团队和创业过程中积累的经验，供大家参考。从场景上来讲，我们将立足于管理层的视角，以创业为背景进行交流。试想一下，如果你想成为一名首席执行官，那么你在产品经理阶段应该做哪些努力呢？

1.6.1 如果想要创业，该怎么做

1. 术业有专攻

在产品经理的成长过程中，最重要的工作就是发现自己的长处，并做到精益求精。原因有以下几点。

（1）术业有专攻，妄想成为全才很可能会导致失败。

（2）如果你花了很长的时间去证明自己不擅长做某件事，就不要继续证明了。

除非你是一个科学前沿领域的专精团队中的成员，否则你本质上只是一个产品输出方。因为一个产品从研发到上市的过程需要科学或技术团队来完成，而产品经理只是用市面上可行的技术来做产品。

一个人的精力是有限的，如果你想一个人跟进一个长流程线的产品，无异于自讨苦吃。正确的做法是，把这个长线流程中你不擅长的部分交给更专业的人，和他们合作，这样就把一个复杂任务拆解成若干简单任务。此时，你只需把控每个简单任务的结果，无须关注你不擅长的部分。

2. 保持一颗挑剔的心

产品经理要保持一颗挑剔的心，只有这样，才能将产品做好。如果你对产品的态度更多的是包容，那么你只适合做客服等岗位。对于产品，我们要追求尽善尽美，要有足够挑剔的眼光；如果处处妥协，无异于把压力转移给产品，而这些压力会成

为产品的瑕疵，使产品存在功能缺陷。

比如，市面上某 App 对手机的兼容性做到了 98%，但如果想要做到 100%，则需要投入 200 万元的成本。而用这 200 万元的成本可以组建一支客服团队，保障整个产品周期的运营。因此，可以采用组建客服团队的方法来应对这 2%的误差，抓大放小。

这种抓大放小的思想是为了给产品争取资源，给我们足够挑剔的可能。

3. 商业成功不等于产品成功

对于这句话，我们可以从两个方面理解。

第一，我们见过太多“叫好不叫座”的产品，它可能是一个小众而精致的产品，也可能是一个在某些商业属性方面有缺陷的产品。比如，一些音乐类产品在产品属性上几乎无可挑剔，交互简洁、视觉清晰，但因为其本质是内容型产品，所以版权问题和内容质量才是其成功的主导因素。因此，产品的成功未必代表着商业的成功。

第二，商业成功的产品未必是成功的产品。比如，一些电子类产品在功能上未必是最强的，但是其通过强大的渠道，抢占了大部分二、三线城市的用户市场，成为国内领先的产品。这带给我们以下几点启示。

（1）选定生产方向后，要根据生产方向来确定产品主导的领域。

（2）在分析一款产品时要注意，商业成功并不意味着产品的成功，不要忽略了产品的主要矛盾。

4. 看清门槛，顺势而为

一些人认为，目前营销市场是渠道为王，所以对互联网产品经理来说，产品为王反倒变成了一种理想主义。究竟是渠道为王还是产品为王，还不着急下定论，但对创业者来说，渠道的力量确实难以忽视。比如，如果你想在短视频领域创业，也许你可以把产品做到抖音的水平，但在内容运营方面，你的产品很难达到抖音的水平，因为仅靠产品本身是不够达到高水平的。换言之，内容领域是有创业门槛的，如果你没有足够的资源去打通渠道，那么即使拥有功能强大的产品，你也很难获得成功。

想要打通渠道，可以选择用广告进行推广。广告单次推广的自然传播周期是 3 周左右，过了 3 周，这次推广的热度就会消退。所以，能否在热度期内顺利完成大部分产品的转化是推广成败的关键。广告推广是一把双刃剑，如果没有好的组合拳作为后续承接，那么它对公司来说就是弊大于利的。

5. 搞定扩散壁垒

扩散壁垒是一个客观存在的东西，如某手机品牌的第一款产品将大部分资源投入软件和工业设计，却因为成本问题降低了硬件配置，导致其硬件水平与同期产品相比大大降低。虽然这款产品获得了种子用户的芳心，但是在扩散的过程中，遇到了很多问题，如下面这个问题。

种子用户向新用户推荐这款手机“交互优秀、外观艺术”。

新用户发现这款手机“用到下午四点钟就没电了”，反过来质问种子用户：“这么烂的手机你也推荐？三四点钟就没电了，外观再美有什么用！”

种子用户回答：“这么牛的手机，没电了再充电不就好了嘛！”

这种情况时常发生，尤其是当一款产品通过差异化设计获得了某垂直领域小众用户的青睐后，如果它不能满足扩散群体的需求，那么它注定无法走入大众视野。作为一名产品经理，在有同理心的同时，不能把产品的目标用户群体范围限制得太小、太死。虽然垂直领域的产品比较容易获得种子用户的青睐，但是种子用户的推广和扩散难度会比较大。同时，种子用户的需求经常发生变化，因此产品的基础功能不可能一成不变。

总而言之，产品迭代是一个适应用户需求的动态过程，在这个过程中要时刻观察用户的需求动向。

6. 不要迷信粉丝

现在很多人鼓吹 IP 经济（粉丝经济），那么什么是粉丝呢？大多数人认为，娱乐圈的那些粉丝是真的粉丝，他们沉迷于某位人物且具有冲动消费的倾向。但很多时候，对一个公司来讲，真正的粉丝并不是这个意义上的粉丝。

对公司来讲，粉丝往往是追求一种生活态度或价值观的信徒。比如，无印良品抓住了极简主义和品质生活这两个营销点发展用户群体。但是对这个用户群体来讲，是选择无印良品还是选择其他购物平台，好像并没有那么重要，谁能满足品质生活就选择谁。

所以，我们不能把用户当作粉丝，而要在价值观层面上与用户建立情感纽带。如果过分强调粉丝经济，恐怕最终会面临失败的风险。

1.6.2 如何做一个产品人

前面介绍了产品经理的三个境界，下面我来给产品人下一个定义。

我个人认为，产品人应该是有些挑剔偏执、理想主义，但责任心强，尊重产品的人。他们中可能有的是交互设计大师，有的是后台高手，有的是运营大家，有的是销售高手，他们也许在用产品之外的方式创造着商业价值，但是他们都有一颗产品为王的心。

所以我想对产品人说：别放弃学习，别放弃理想，用心去描绘一个理想的产品世界。这也是成为一个产品人的关键。

1.7 高效产品法

高效产品法到底是什么？

产品经理在工作时，讲究拆解问题、提出方案。因此，讲到高效产品法，就不得不将产品经理的工作拆解，逐一进行分析了。

我认为最核心的拆解方法是按照产品的生命周期来划分，重点关注不同阶段的工作重点，这是高效产品法的基础。

建议大家结合用户体验的五要素和产品经理一天的工作流程来分析。在这里，我先粗略地划分一下，之后将展开来讲。

1.7.1 高效需求管理

需求管理是产品经理工作流程的第一个阶段，也是最重要的一个阶段。这是因为需求相当于产品的地基，如果地基不稳，产品的大楼就会摇摇欲坠。在这个阶段，我们需要对用户进行研究、对市场进行调研、对业务进行了解。这样做的目的是全面地挖掘用户需求，并对用户需求进行梳理、分析。

低效的产品经理会在用户访谈环节花费很长时间，且最终并未得出有效的需求结论；高效的产品经理会通过各种手段、流程和机制来和用户建立良好的关系，从而高效地挖掘和管理用户需求。

低效的产品经理会沦为用户的“二传手”，用户说什么就做什么；高效的产品经理会采用各种方法和手段，拿出最好的方案满足用户需求。

1.7.2 高效立项

在对需求进行分析、梳理之后，就可以进行方案的落地了。

落地是需要成本的，做任何事都讲投产比和价值，没有哪家公司喜欢做亏本的买卖。因此，在立项阶段，产品经理将背负需求的使命，遭受评审方的挑战和质疑。

低效的产品经理可能会因准备不足而经不住评审方的考验，被砍掉项目或削减资源；高效的产品经理可以结合公司的形式和产品的周期，编写有效的商业需求文档（Business Requirement Document，BRD），通过评审并争取资源。

1.7.3 高效研发

在研发阶段，产品经理的高效主要体现为对时间、质量的把控。

低效的产品经理会反复修改需求方案，被各方质疑。高效的产品经理会熟练运用敏捷等项目管理思维，按部就班地完成需求方案的落地，给出优先级和最佳方案；同时，也会做好项目关键节点的会议组织、文档管理、进展汇报等工作。

1.7.4 高效验收

虽然验收属于研发流程的一个环节，但我在这里把验收和研发分开来讲，因为验收是非常重要的环节，却往往被忽略。研发阶段并不单单考验产品经理的项目管理能力，还考验产品经理的验收、协调能力。

低效的产品经理会在提交需求后匆匆进入下一个需求周期，或直接开始“划水”；高效的产品经理会在这个阶段积极安排内部测试和 DEMO 评审，以确保方案的合理性。

验收其实就是成果的保证，高效的验收需要产品经理有足够的责任心和主观能动性。

1.7.5 高效发布

经过验收后，就进入了重要的发布阶段。

低效的产品经理会根据开发需求，简单地进行验收和系统录入，等待数据反馈；高效的产品经理会提前沟通好发布的时间、系统关联方、运维人员和服务器的情况，做好生产环境的验证工作。

产品发布就像足球运动中的射门，虽然这个过程很短暂，甚至在一瞬间就可以完成，但其技术含量丝毫不亚于其他阶段。

1.7.6 高效运营

产品和运营是不分家的。

低效的产品经理可能会因疏于准备而被产品上线后产生的各种问题搞得焦头烂额；高效的产品经理此时已经准备好了操作指引、常见问题（Frequently Asked Questions，FAQ）和问题上报的渠道介绍，迎接下一个流程。

总之，产品经理的工作就像多米诺骨牌，流程长、风险大，走错一步就会产生蝴蝶效应，无限放大产品的缺点。从整个流程来看，高效的产品经理可能会节约数十万元至数百万元的研发成本，甚至可以决定产品的成败。所以，只有让每个流程都变得高效，才算是一名高效的产品经理。

1.8 高效产品经理的日常

前面提到，产品经理是一个需要处理各种琐碎事务的岗位，没有一定的能力不要轻易尝试。如果你已经下定决心做一名产品经理，那么你会采取怎样的方案应对呢？

下面我将结合自身的案例，给大家讲解如何通过梳理和总结让我们的工作走向高效。

1.8.1 高效的思想

高效的思想是指能让我们的工作变得高效的指导思想。比如，“让专业的人做专业的事”就是高效的指导思想。这句话的意思是产品经理应该花更多的时间去思考产品的整体逻辑，而不是某个模块的交互细节。如果把这句话套用在工作中，我们会发现，很多人会因与他人合作不到位而去参与他人的工作，长此以往，导致团队更加混乱。

而高效产品经理会培养每个岗位的专业性技能，把精力用在刀刃上。这是一种分工协作的高效方式。

我总结了 5 条关于高效工作的指导思想，大家可以自己体会一下。

1. 让专业的人做专业的事

不要把时间浪费在自己不专业的事情上，不专业只会带来更高的成本。如果发现有同事在做其不专业的事情，可以上报领导重新调整架构，从而避免影响他人的工作。

术业有专攻，不仅要尊重别人的专业技能，还要珍惜自己的专业技能。

2. 没有解决不了的问题

如果你遇到了困难而导致停滞不前，那可能是因为你没有思考到位。任何事情都讲究性价比和优先级，世界上没有解决不了的问题，任何困难都是可以量化的。比如，当你遇到困难时，你可以跟领导说，这个产品需要更长的开发时间，而不要说你做不了这个产品。

3. 数据比道理更有说服力

如果团队成员无法达成共识，可以用严谨的数据向大家表明事实。同时，在提出方案时要有数据支撑，否则在后续工作中很容易被别人质疑，导致自己措手不及。

4. 先想好再做

越紧急的项目，越需要提前规划好。我曾经匆忙地上线过一个项目，1 个月后，项目下线了，原因是领导改变了方向。这种挫败感对整个团队来说是很难消化的。所以，我认为，首先要用 MVP 思维把逻辑理顺，先想好再做，不要急于把产品推向用户。

5. 时刻检视优先级

在完成一件事之后、做下一件事之前，务必检视优先级。做事恰到好处，不仅在于程度，更在于时间安排合理。很多时候，当你回头看自己的 GTD 列表时，你会发现有些事情不必做了，而有些本来不重要的事情现在变紧急了。这就是动态调整的必要性，不要不加思考地做事。

1.8.2 高效的实践

高效的实践具体怎么做呢？下面我来展示一下我的日常。

当我接到一个需求或产生一个想法时，我会大致评估一下它的优先级，然后把它记录在我的 GTD 列表上。

我在日程表上创建的项目计划如下图所示，这个计划主要总结了我近期主要研究的内容。左侧列表的小项目是我正在研究的领域。点击该项目选项，会进入项目详情页，你会看到一个由标题和富文本组成的项目列表。该项目列表的内容包括我对该项目的疑问和研究重点。

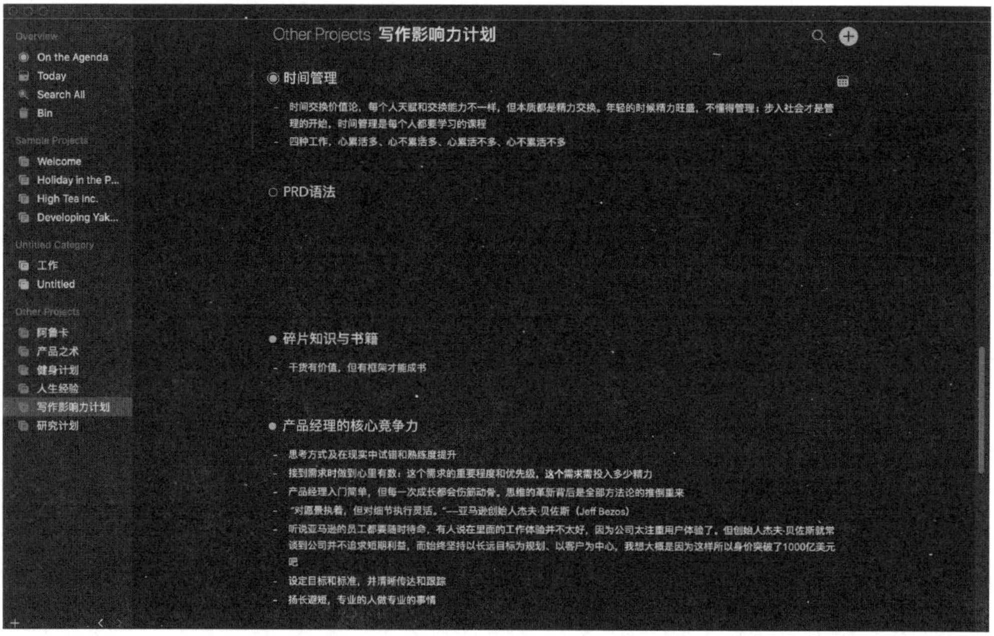

比如，点击左侧列表的“研究计划”选项，进入项目详情页，可以看到“研究计划”的项目列表，如下图所示。

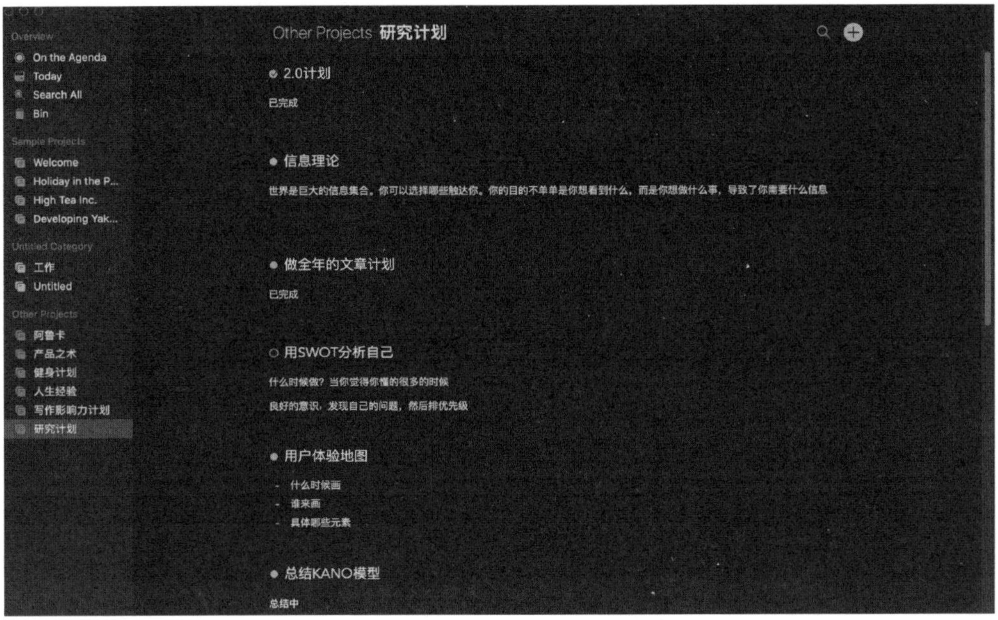

当评估完毕准备开始做事时，我会把当前要做的事放入我的需求池，更新进度。用很多工具都可以制作需求池，只要适合自己就行。

就我个人而言，由于需求点比较多，容易忘记汇报、通知，所以我需要建立“当前状态”一栏来帮助自己一目了然地看清楚进度。同时，因为需要对接业务部门，为防止工作人员互相推诿，我也会记录初次沟通的时间。更方便的是，在做总结、周报、通报时，可以把需求池略微修改一下粘贴上去，这样会很有条理。

需求池如下图所示。

需求池

编号	需求名称	需求内容	来源	优先级	提出时间	评审时间	评审者	工作量	版本排期	当前状态	备注
1	人脸识别SDK优化	更新SDK动作机制	事件上报	极高	1106	1108	小马哥	前端2人日	1115	开发中	上线后灰度测试
2	人脸识别并发优化	降低并发做兜底机制	事件上报	极高	1106	1108	小马哥	前端2人日	1115	开发中	上线后灰度测试
3	新人指南模块		事件上报	极高	1106	1108	小马哥	前端2人日	1115	已上线	上线后灰度测试

当我开始做需求时，我会打开我的备忘录，它可以根据项目要求不断优化。备忘录如下图所示。

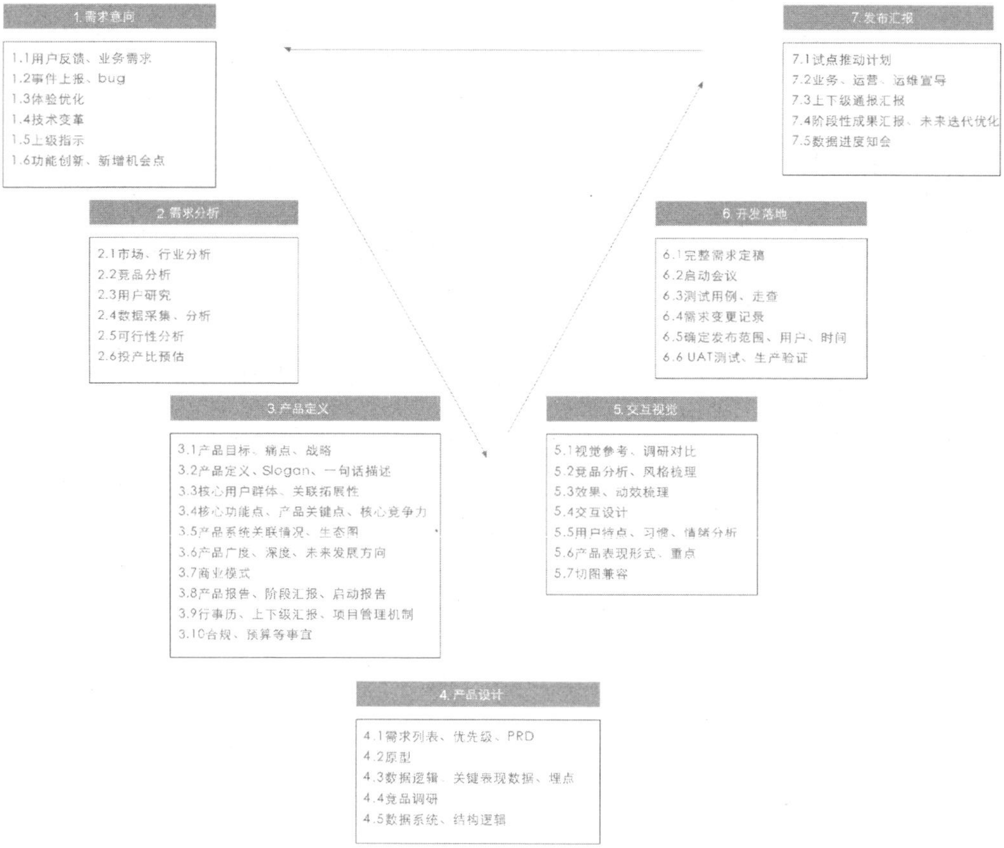

通过备忘录，我可以一目了然地看到我在做的需求点，以及还有哪些环节没做，从而保证工作流程的完整性和条理性。同样，对于不同层次的需求，可以酌情进行处理。这份备忘录可以为我指明方向，让我不至于陷入不知道该做什么的状态。

在做好备忘录后，就要写产品需求文档（Product Requirements Document，PRD）了。我会尽量用贴近开发人员思维的语法来行文，而不是随心所欲地讲故事。开发人员并不想听故事，请直接告诉他们需要做什么。

这里的语法，我借用了 Cucumber 测试框架的思想。Cucumber 是一种描述框架，它可以帮助我们把场景分清楚，然后用 Given、When、Then 的模式来梳理案例，让开发、测试人员对我们的需求一目了然。具体来讲，我们可以把一个完整的需求分解成功能模块、场景和功能点、前置条件、触发操作、后续行为 5 部分。各部分的常用英文名称为：Feature 即功能模块；Scenario 即涉及的场景和功能点；Given 即该场景的前置条件，如当用户进入功能时触发；When 即用户的触发操作，如点击和滑动；Then 即后续行为，是执行的结果。

最终形成的 PRD 如下图所示。

注册登录模块

- 【作为】一个想登录App的用户
- 【我想要】成功登录
- 【从而可以】正常使用App的各种功能
  - 【scenario1】非注册用户登录
    - 【given】用户为非注册状态
    - 【when】用户点击登录时
    - 【then】判断后先调用注册模块
  - 【scenario2】注册用户登录
    - 【given】用户为已注册状态
    - 【when】用户点击登录时
    - 【then】判断后直接校验用户名密码

在完成这一步后，就要跟进开发落地了。我会梳理好日程表、创建站会制度并加到自己手机端的日历提醒中，定期沟通。

在闲暇时间，我会检视自己的 GTD 列表，并处理下一个事项。如果中途被打断，则可以直接放下手头的工作，等闲暇时继续处理待办事项，无须思考下一步需要做什么。

至此，我的高效工作流程就完成了，大家可以根据自己的实际情况来完成上述流程。接下来的章节，我将按照产品经理的工作流程对其工作进行逐步拆解。

第 2 章

高效需求法

2.1 用户研究

2.1.1 用户研究的定义

在做需求时，要坚持用户第一的原则，一旦脱离了用户，任何产品都是伪命题。要想挖掘靠谱的需求，必须要懂用户。从用户到需求再到产品，这个过程没有捷径。好的产品是在对用户进行深入研究的前提下产生的，如下面这个案例。

> 微信的成功是建立在 QQ 的基础上的，微信的产品定义是在邮件和短信的运营模式下发展起来的。腾讯的首席执行官马化腾，之前为移动企业做过研发工作，对移动梦网等服务形式了然于胸；而“微信之父”张小龙，在加入腾讯之前曾开发出 Foxmail。在强大的技术积累的优势下，在 QQ 社交软件多年用户积累的背景下，微信应运而生。

所以，用户研究是产品经理的核心能力之一。那么，该如何进行用户研究呢？用户研究是一个笼统的概念，涉及多个学科，如计算机科学、经济学、哲学、心理学、人类学、市场学等。因此，要想更懂用户，需要不断积累知识和总结经验。我们可以从目标和方法两个方面入手，提高自己的用户研究能力。

用户研究通常有三重境界，作为产品经理，我们应该以不断深入为目标。

（1）了解用户，熟悉用户的诉求。

（2）与用户建立稳定的关系，做到感同身受。

（3）将自己变成用户，且可以随时切换不同的用户角色。

产品经理首先要了解用户，因为只有这样，才能开发出比较靠谱的产品功能，但这还远远称不上靠谱的产品；其次要做到与用户感同身受，了解用户的喜好、习惯等；

最后要把自己变成用户，这也是我们一直在追求的目标。

用户研究的方法主要有定量研究和定性研究两种，如下面这个案例。

通过研究后台数据我们发现，80%的核心用户是女性。因此，在推送内容上增加关爱女性的部分，这就是定量研究的结果。

通过研究后台数据我们还发现，50%的男性用户会浏览女性产品，所以我们可以判断他们有女性亲属，从而为这些男性用户推送女性产品，这是定性研究的结果。

用户研究是非常重要的。比如，单从数据来分析，通过定量研究发现，可能春节期间男性用户购买女装的数量会增加；而通过定性研究发现，其实是孩子回家给家里的女性长辈购买衣服，这两种研究方法得出的结论完全不同。定性研究和定量研究是相辅相成的，定性研究帮助我们定位问题，定量研究帮助我们做出决策。用户研究方法如下图所示。

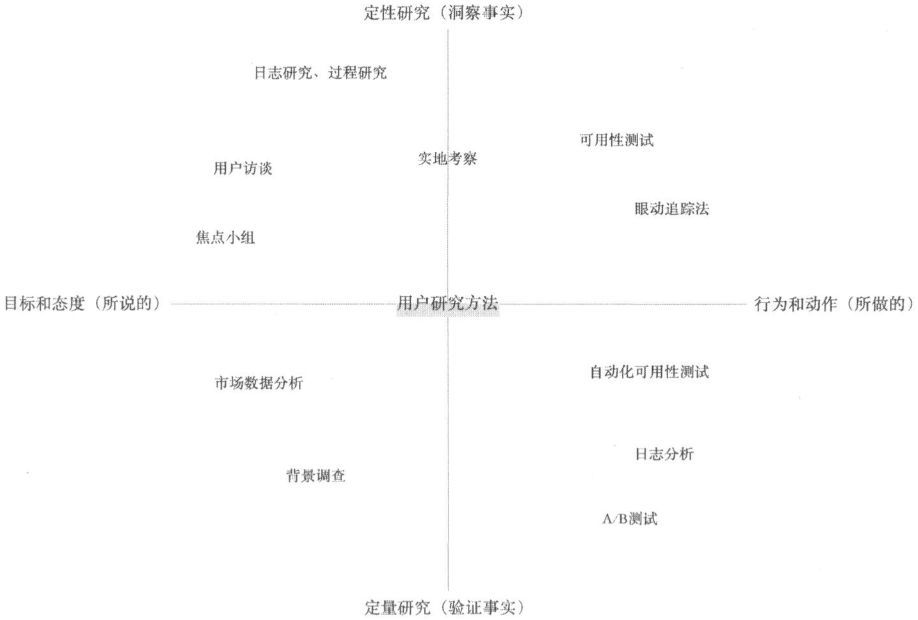

具体的用户研究方法有 3 种。

（1）观察法。

（2）访谈法。

（3）数据分析法。

想要用好观察法，需要具备较强的观察能力，这需要经验的积累。观察法着重关注以下 3 个方面。

（1）好奇心和打破常规思维的能力。

（2）发现极端情况的能力、细致入微的观察能力。

（3）感性层面上情感共情的能力。

只有具备这 3 个方面的能力，才能成为一名优秀的观察者。

访谈法是产品经理常用的获取需求的方法。访谈法着重关注以下 3 个方面。

（1）控场和引导能力：防止在访谈时偏离主题，从而导致访谈失效、信息丧失价值。

（2）倾听识别能力：可以充分获取信息。

（3）语言深入挖掘能力：通过引导和分析来获取用户潜意识里的深层信息。

数据分析法着重关注以下两个方面。

（1）运用逻辑能力，拆解业务流程，合理分析数据。

（2）运用逻辑思维，保持理性思考，提炼结论并验证结论。

下面我将结合具体场景，分析如何进行用户研究。

2.1.2 用户研究的一般做法

1. 用户研究的必要性

互联网产品主要建立在用户需求的基础上，而用户研究是了解用户需求的主要途径。用户研究不同于市场调研，它不仅包括研究用户群体的情况，还包括研究什么用户在什么时间、什么地点、什么场景下发生的什么动作，以及这些动作发生的原因。用户群体和特征会随着环境、政策、时代的发展而变化，用户研究也要随时随地地、有节奏地进行。通常，在一个研发周期内，产品团队至少要进行 2～3 次用户研究，或和用户研究团队合作、沟通。一个整天沉浸在自己的空想世界、不和用户交流的产品经理，是做不出好产品的。好的产品团队会在需求阶段、可用性测试阶段安排一些用户研究工作，以确保产品的可用性，从而保证其心血不会白白浪费。而那些只有在发现问题之后才被动进行用户研究的团队，是很容易被淘汰的。

2. 用户研究的目的

用户研究是有范围的，这意味着用户研究应该针对某个问题或某种现象展开，太过发散的用户研究会导致很多问题发生。

比如，有一次我的团队因为时间紧张，安排了 4 个功能议题的调研。但因前期准备不足，而且没有现场主持，导致我们的调研对象仅对他感兴趣的某个功能无限发散思维，而没有时间聊其他功能。上午半天的时间，我们只反复听他聊了 3 个痛点，这样的结果显然是令人不满意的。

缺乏目的性的用户研究会导致以下几个问题。

（1）研究过程没有主线。

（2）研究结果没有定论。

因此，在进行用户研究之前，一定要明确研究的目的。这个目的可以是一个指标的提升，也可以是一个界面的重做，还可以是一个功能的改版。不要对一次用户研究的结果期望过高，要知道，问题的解决要靠长期的研究。否则，不管是对产品团队还是对用户来说，这次研究都是一种工作时间浪费。

3. 用户研究的原则

在进行用户研究的过程中，无论是采用访谈、问卷，还是现场可用性测试等方法，都离不开和用户的交流。交流的目的是让用户主动提供或从侧面提供我们需要的信息。所以，在交流的过程中，设计的问题至关重要，我们需要遵循以下几个原则。

首先，设计的问题要通俗易懂、没有歧义。一个产品的交互设计和逻辑，就是产品经理和用户沟通的桥梁。哪怕这个用户丝毫不懂交互设计、数据结构、配色布局，他依然可以知道这个产品的好坏。因此，在向用户提问的过程中，一定要保证对方接收到了正确的问题和信息。

有一次，我们团队在设计问卷时采用了很多专业术语，如“首页的布局合理吗”“配色对比度够吗”等，这导致用户反馈的信息很少且内容质量很差。后来，我们重新设计了一个问卷，采用了通俗化的表述，如“首页乱吗”“能找到你要的功能吗”等，修改后的问卷得到的用户反馈清晰了很多。

其次，在设计问题时要注意利益相关性。第一，不要让调查问题的结果对用户的生活产生影响。如果用户因为我们的调研渠道或问题设计不合理而惧怕反馈信息，那么我们的调研结果的参考价值也会大大降低。第二，设计的问题不要对用户有指引性，以免用户无法反馈真正的问题。

比如，以公司管理部门的名义发出实名调研问卷，用户在回答时就很难讲真话。再如，让用户描述搜索自己最爱的一首歌的路径，因为在网页上“搜索”和“我的最爱”都是非常清晰的标题，这很容易引导用户做出不正确的反馈，但如果让用户放一首他最喜欢的歌，用户就会真实地展示自己的操作流程。

最后，在适当的时候对用户进行引导。这一点看似和第二点矛盾，但其实可以看作第二点的补充。在正常进行用户研究的情况下，当然不需要干预和引导用户，但如果在研究的过程中，用户遇到困惑或表现被动，此时就需要我们适当对用户进行引导，否则用户研究将无法继续进行。

4. 用户研究的方法论

（1）可用性测试。

可用性测试是一种常用的用户研究方法，它可以分为干预性可用性测试和非干预性可用性测试两种。比如，让用户使用我们的产品，并记录自己在使用的过程中遇到的问题。在这个过程中，如果我们进行引导和干预，就是干预性可用性测试；反之，则是非干预性可用性测试。

干预性可用性测试的目标比较明确、范围比较清晰，容易得出聚焦的结果，但不容易产生意外和惊喜。因为干预会使用户的自由发挥受到影响，所以一些范围之外的附加价值就无法得到了。非干预性可用性测试的成本较高、难度较大，但收益也可能更大。非干预性测试仅依赖于用户自身的反馈，我们往往需要借助高保真原型和眼动测试等技术来进行测试。总而言之，可用性测试的方法并不重要，其目的才是重点，方法只是手段，可以灵活变通。

在进行可用性测试时应注意：因为我们很难安排大样本量的研究，所以我们要在有限的样本范围内选取足够好的、有代表性的用户群体进行研究，这样才能加强结论的说服力，从而保证研究结果不被质疑并顺利落地。

（2）用户访谈。

用户访谈也是一种常用的用户研究方法，它主要用于 B 端产品的用户研究。在我们的日常生活中，也会用到访谈，如工作面试。这就决定了用户访谈的缺点：用户在访谈的过程中，不可避免地承受着访谈者带来的压力，可能会刻意流露出虚假的想法，而不是其真正的想法。所以，在进行用户访谈时，我们需要甄别用户的想法。下面是用户访谈的三大弊端。

① 对访谈者能力的要求高。

② 短期访谈信息可用，但很可能是用户一时的想法。

③ 用户容易言行不一。

为了解决这三大弊端，我们可以从以下几个方面进行努力。

第一，通过充足的准备和预热提升访谈的水平，必要时可以增加用户的数量以降低风险。因为多名用户可能会“风暴”出更多的访谈问题和访谈方向，在总结结论时也可以更加周全、公允。但多名用户可能会造成访谈压力过大，出现用户不配合的情况。所以，用户的数量一般不要超过 3 个。

第二，留下回访渠道并主动回访。在很多情况下，我们因为用户的状态或情绪不佳而得到错误的访谈结果，如果没有及时核实和回访，我们很容易搞错方向。所以，我建议把用户访谈作为一项长期的工作，和用户建立长期的友好关系。比如，建立体验师团队或热心用户 QQ 群等，方便我们及时校验每次的访谈结果。

第三，避免陷入过于枯燥或较多细节的话题。在描述这类问题时，我们会比较难组织语言，导致我们的访谈听起来没有逻辑。比如，我们经常在面试时想不起来当时一些做法背后的目的，而在反思一两天后，却可以得到清晰的答案。这是因为，人们比较习惯于先思考后行动，所以当被质问其行为背后的目的时，往往需要思考很久。所以，在访谈的时候，我们应尽量关注用户做了什么事以及在做这件事时的感受，避免提出开放性问题让用户进行信息处理，我们可以在访谈结束后根据录音和记录来整理访谈内容。

（3）快速采访。

快速采访指的是在主观、随机、低成本的情况下，快速地了解一些用户对产品的想法。我们可以把这个场景想象为一个快速的街头访谈。快速采访主要是为了获取用户的第一印象信息，而不是深刻的想法或结论，所以采访的结果只能作为我们分析用户对产品的第一印象的参考。

我们可以直接拿上产品的原型或测试版，带好纸笔，到大街上进行访谈，以便附近的同事、设计与研发人员快速得到反馈结果。快速采访的形式极其灵活且不受限制，它的优点是性价比极高、唯快不破。建议在产品规划阶段安排 3～5 次快速采访，以快速采访的结论作为参考和灵感来源，以便调整规划方向。同时，在 MVP 形态完成阶段，也可以安排大量的快速采访来进行试错。但我们要怎样甄别采访的结论是否有效呢？其实很简单，主要是看结论是否具备以下 3 个特质。

① 有数据支撑。

② 方案逻辑与内外环境相符。

③ 投产比合适。

5. 用户研究的注意事项

上文对用户研究的阐述已经比较详尽了，但我们在进行用户研究时仍然需要注意以下几点。

第一，在每个版本发布的第一周，做一次用户研究。

第二，用户研究的目的要清晰，没有目的就没有重点，没有重点就很难得出结论。

第三，要灵活使用用户研究的各种手段。

需要补充的是，每个 App 都是有隐私条款的。因为对用户数据的收集、使用和为用户提供的服务，都是以用户同意为前提并签署保密协议的。我们在进行用户研究之前，需要跟用户约法三章，形成书面文件以保证调查结果可用，确保用户研究的结论得到用户的授权。

用户研究的关键是通过技巧和手段来引导用户反馈有价值的信息，因此用户研究的过程不能太片面、主观。这就要求产品经理需要不断追求、持续挖掘用户需求。

2.1.3 用户反馈

用户反馈并不等于用户的主动上报，也就是说用户反馈不单是用户对产品功能的吐槽，还有更复杂的情况。在很多情况下，是产品经理在发现产品数据异常后主动找到用户，请求用户提供信息的。

很多有价值的需求往往来自用户访谈及合作团队，如运营、市场等部门同事的想法。这些需求又杂又多，如果不合理安排时间妥善处理，就会导致应接不暇，影响了自己的工作不说，还会漏掉很多需求，进而影响和用户及合作团队的关系，引起领导的不满。

想要高效管理这些需求，一定注意以下 3 个关键步骤。

（1）分析团队需求流向及特征。

（2）建立需求反馈模板。

（3）反复访谈，完善模板。

第一步，分析团队需求流向及特征。流向指的是当前的运营导向是什么，当前的强势部门有哪些，当前的产品趋势和形态是什么；特征指的是哪些用户是核心用户，哪些渠道是主要反馈渠道，哪些渠道搜集到的需求最有价值。

通过流向，我们可以知道哪些部门提出的需求要优先安排；通过特征，我们可以知道如何提升用户反馈的效率。需求流向一般可以从公司的政策和领导的要求中得出；需求特征一般可以通过对用户反馈流程进行梳理和对需求效果进行总结得出。

下面我将通过一个例子来讲解如何分析需求特征。

在过去的一年中，运营部门对产品部门的评价很低，原因是产品部门总是不能及时将产品落地，且做出来的产品有偏差。

带着这个问题，我们对公司过去一年的需求情况进行了检视，发现88%的需求初稿提供的时间较晚。

紧接着，我们对这些产品经理进行了调研。95%的产品经理指出，运营部门的初稿需求意向范围过于广泛，需要花费大量时间加以细化。

我们继续深挖发现，出现这种情况的主要原因是运营部门的人力变动较大，对接需求的人较多。

而后我们继续调研发现，运营部门中的多数员工对产品开发流程的把握不准确，且不清楚需求意向具体包括哪些信息。

根据以上分析可得出结论，这个案例的需求特征为：对接人复杂；对接人缺乏常识，从而导致需求意向缺失基本信息。

第二步，在现状无法改变的情况下，我们需要建立需求反馈模板。这个模板的价值在于，可以提前搜集很多原本需要访谈才能得到的信息。比如，事先在模板中注明“现在系统存在什么问题”“改动之后如何评判价值”，可以帮助用户或合作团队进行选择，避免他们按自己的理解来写需求意向，从而节省了双方的沟通成本。

第三步，随着公司业务的不断发展，为了保证需求模板的合理性，我们需要不断和用户及合作团队进行访谈，以完善模板。比如，根据企业数据经营战略的要求，我们需要在第一时间把新功能的报表系统规划好，因此我们在收集业务需求时，需要在模板中增加“请填写数据分析思路”一项。

总之，通过以上 3 个关键步骤，我们可以处理好用户反馈，从而不断提升工作效率。

2.1.4 挖掘需求

挖掘需求工作，需要结合数据分析、用户访谈、用户调研来进行，如下面这个案例。

> 通过数据分析我们发现，在某测试功能中，用户提交的个人信息有多项重复的情况。这意味着同一个人有多次测试的需求，而在正常的业务场景中，每个人只需要测试一次即可。
>
> 通过对运营的调研及对用户的访谈，我们发现在后续流程中，有一个功能需要绑定固定手机号，这个手机号需要和测试手机号保持一致。而用户想要更改手机号，没有其他渠道，只能选择重新做测试。

通过上述案例可知，有时候我们得到的数据并不一定是真实的。不了解实际场景，得出的需求很可能与实际不符。这时候，就要充分挖掘用户的真实需求。在此，我为大家推荐两种行之有效的方法，即攀梯法和 5W2H 分析法。

1. 为什么用户调研很困难

用户调研很困难往往是由于视角的偏差造成的。比如，用户关注的通常是产品载入快慢、界面是否好看、功能是否清晰易懂，而产品经理是从交互设计理论、视觉风格、平台整体规划的视角来看问题的。如果试图让用户站在产品经理的角度来提出意见，则无异于盲人摸象。

所以，用户调研其实是站在两个视角上的人的对话交流，需要创建一份双方能够达成共识的话题清单，把视角转移到共同关注的点上，进而理解对方的立场。比如，产品经理时常会面临下面这种情况。

建筑师：产品经理要具备什么素质？

产品经理：要懂技术、会进行需求分析、会落地。

建筑师：不明白。

由于所在领域和所处背景的不同，导致双方沟通出现不可逾越的鸿沟，真可以说是“隔行如隔山”。而理想的对话进程应是下面这样的。

建筑师：产品经理要具备什么素质？

产品经理：假如建筑是你的产品，那 App 就是我的产品。我跟你一样，要设计结构、明白技术边界，还要找到装修队落地验收。

建筑师：哦，你这么说我就很清楚了。

运用类比手法，迅速理解对方的立场，站在对方的立场进行沟通交流，就很容易进行用户调研了。如果产品经理和用户以相反的视角进行对话，那么在用户访谈时会发生什么情况呢？

产品经理：请问，你想要一个什么样的功能？

用户：嗯，先把这个性能优化一下吧，总是卡顿，还有那个筛选条件少了一种，我每次都要一个一个查。微信的标签功能挺好的，方便区分我要选的人。

产品经理：你稍等一下，我头有点疼。

我们可以从另一个视角分析一下用户想说的到底是什么。

（1）卡顿是因为用户筛选的冗余数据量过大，筛选条件的数据取数口径因为太久没有维护，已经不符合现在的使用要求了，性能并不是短板。

（2）用户需要的并不是运营人员后台手动标注的标签，而是根据数据分析聚类得出的建议标签，所以要为他们提供数据分析功能，而不是标签功能。

可你希望用户能够说出这些吗？最好别。因为当每名用户都能头头是道地说出这些的时候，就是你失业的时候。

出现这种情况并不奇怪，因为用户关注的领域是流程和业务，他们是从使用者的视角来看问题的。产品经理跟用户站在一个视角看问题，体现的是同理心和产品验证的思想，而不是用户研究的思想。用户研究要源于用户，高于用户，而不是被用户带着走入迷宫。

2. 千万别问用户想要什么

如果让用户做产品，很容易被带入歧途，因为用户是不具备产品经理的立场和专业背景的。那么，我们要怎么做才能避免被用户带跑呢？答案就是千万别问用户想要什么。这个答案与用户调研看起来似乎是矛盾的，其实不然。因为通过用户调研，我们不能直接得到方案，所以从需求到方案这段路，需要我们引导用户走过去，而不是被用户带过去。

当我们问用户“想要什么”时，其实是在让用户把思考重点放在“解决方案”而不是“实际场景”上。而用户习惯了置身“实际场景”中，并不能给出一个完整的、全面的“解决方案”，所以我们不能把“想方案”的任务留给用户。

我们在沟通时要和用户约法三章。

（1）忘掉现有的产品。

（2）专注于自己的工作内容。

（3）只描述问题，不提出方案。

然后，向用户提出下面 3 个问题。

（1）你现在在做什么？

这个问题可以确保我们跟用户的访谈能够进行下去，通过用户的回答可以了解他们目前的认知水平和背景情况。不管是哪种类型的用户，只要了解清楚他们所处的领域和背景，我们的工作就成功了一半。

我们可以见到很多微信用户喜欢对微信的产品设计提出建议。我曾经遇到一个案例，一位用户提出“把公众号的信息流与朋友圈融合在一起”的想法。这个想法听上去很合理，但如果微信的产品经理原封不动地按照这个想法去做的话，就大错特错了。用户提出的解决方案不一定代表他的需求，因此我们需要学会从方案倒推出他的真实目的。在这个案例中，通过不断挖掘这位用户的需求，我们发现他实际要解决的可能只是公众号文章的阅读体验问题，而从阅读体验这个角度来看，用户提出的解决方案明显不合理。这就是充分挖掘用户真实需求的意义。

这里可以采用攀梯法，即不断地向用户提问，保持“打破砂锅问到底”的探索精神，如下面的问答模式。

产品经理：你为什么喜欢吃辣味薯片？

用户：因为一次不会吃太多。

产品经理：一次吃太多不好吗？

用户：会胖。

产品经理：胖了会怎样呢?

用户：会伤害我的自尊心。

攀梯法可以帮助我们了解用户爱吃辣味薯片到底是因为馋嘴，还是因为怕胖。只有了解用户的真实想法后，我们才能划定需求的范围，确定要解决哪个方向的哪些问题。

（2）你是怎么做这件事的?

这个问题是为了确认我们的现有流程中有没有可简化和优化的部分。有时候，新开发的功能可以满足用户的需求，用户却习惯使用旧功能，有些用户甚至不知道新功能的存在。只有帮用户梳理清楚真正的操作流程，才能发现目前哪些流程存在问题，即哪些方案不合理。所以，梳理流程是做方案的前提。

（3）在你的整个工作流程中，最重要的是哪部分?

这个问题是为了确认用户最揪心的部分和用户觉得最重要的部分是什么。只有了解清楚这点，才能把以上需求的优先级划分清楚，同时也能在第一时间准确解决用户的核心痛点。从用户最揪心的部分也可以推测出整个流程的压力点，从而找到隐性提升点。

2.1.5 怎样把调研结果变成产品

产品不单单有交互、UI 等显性优化点，很多产品的底层逻辑发生改动，但前端可能完全没有感受，我们称之为隐性优化点。比如，在 BB 机盛行的年代，我们可以进行一次用户访谈。

产品经理：请问，你想要什么通信产品?

用户：我想要一个更小的BB机，而且能帮我把寻呼内容念出来，最好能和电话连在一起，电量再大一点。

产品经理：好的，我们马上给你做一款便携的、大电量的、手机背壳式的BB机。

乔布斯：不，我们不做BB机了，我们做手机软件。

产品经理：？

乔布斯：用户对内容的需求，其实是对多样化媒体的需求，如用户想要电量大、能和电话连在一起，其实是想要随时在线互联。所以，我们给他做一个即时通信平台，而不是BB机，将第三方话务台这个人工流程简化，实现点对点交流。

上面这个案例告诉我们，大部分的产品经理其实仅仅是在堆砌需求而已，而出色的产品经理能把需求梳理清晰，进而提出新的、完整的方案。

好的产品往往存在于用户认知之外，可能是用户完全想不到的产品形态。如果总是墨守成规，一切跟着用户走，那么产品经理和用户还有什么差别？尊重用户不是让用户做主，而是帮助他们解决问题。

除了产品本身，我们也要警惕那些前端无法感知的东西，即隐性优化点。在了解用户的思路后，要做好数据分析验证。很多产品经理习惯对产品的显性优化点进行优化，往往忽略了底层逻辑和流程，变成了所谓的“原型经理”。所以，我们在进行用户研究时要和数据相结合，拿出最后的方案。

总而言之，产品经理的失职会导致产品流程变得复杂，过分在意产品的显性优化点，但其实决定产品好坏的核心已经慢慢变成其隐性优化点了。只有意识到这一点并为之努力，才能成为真正的产品经理。

2.1.6 和用户建立良好的关系

产品经理和 C 端用户的关系其实是服务关系，产品经理通过产品设计、文案写作、产品运营等来为用户提供服务，用优质的服务令用户关注并投入时间使用产品。而真正和访谈相关的、有当面接触机会的往往是企业产品，所以这里主要以 B 端产品为例来进行阐述。

在做 B 端产品的过程中，因为产品是为业务部门服务的，所以产品经理和业务部门打交道的机会将会很多。而业务部门又是产品的直接或间接用户，所以产品经理需要和业务部门建立良好的关系。

但业务部门和产品部门其实存在天然的冲突。业务部门直接关系到利润和销售额，是项目或产品的主体和需求方，因此业务部门对产品的要求非常高，且拥有很大的话语权。而产品经理的使命是最大限度地创造用户价值，这就难免要和业务部门产生碰撞、摩擦。由于话语权有限，产品经理很容易陷入被动，导致产品决策权弱化。所以，产品经理面临着在夹缝中生存的挑战。

- 亲近业务部门，会导致容易变成业务部门的执行人员，还会导致研发部门受到打压。
- 亲近研发部门，会导致和业务部门疏远，使自己在整体价值体系中处于弱势地位。

这时，我们需要一套方法论，既要做好业务部门的预期管理，又要为研发部门减压。我的高效方法论是：守住研发部门的立场，一方面制定流程、制度约束业务部门，另一方面要尽可能亲近业务部门。这个方法看似矛盾，其实不然。因为研发流程对业务部门来说很陌生，但研发部门是有了解业务需求的诉求的，这样的立场关系造成了主动方和被动方的矛盾。

所以，我们要团结主动方（研发部门）与被动方（业务部门），让他们达成共识。

2.1.7 有效调研

当流程和制度都确定下来后，调研的成果就完全取决于产品经理的实力了。对产品经理来说，调研的成本并不低，如果操作不慎，很容易出现一团和气却一无所获的局面。所以，我们只有做好充足的准备，才能使调研的价值最大化。

高效的产品经理可以把产品经理的思想和方法论落实到每一项实际工作中。

首先，分析调研的对象。调研的对象一般是不懂产品的人，这些人通常喜欢讲片面的解决方案，所以我们要对他们加以引导和甄别，避免调研偏离方向、浪费时间。其次，调研一定要以解决某个问题为出发点，否则会找不到重点。这就需要我们提前确定好调研的需求。调研也是产品的子项目之一，同样需要很强的过程管理。

我将调研前/中/后应注意的事项列举如下。

（1）调研前：整理需求意向模板，确定调研议题、调研目的及调研范围。调研目的要尽量完整，流程清晰，调研范围要和目的保持一致。

（2）调研中：把控调研节奏，避免跑题和冷场的情况出现。大会说小事，小会定大事。

（3）调研后：整理调研报告和会议纪要，发给调研对象并请他进行确认，之后汇报领导并争取资源，放进需求池。

通过分析，我最终确定了一套调研的流程和方法论，我认为高效的产品经理就是基于这套流程和方法论进行工作的。

2.2 需求分析

2.2.1 高效需求记录

想要得到高效的需求记录，需要进行高效的需求类别划分，这里可以借用敏捷的思想。从敏捷的思想来讲，需求的粒度要足够细且明确，这样才能进行拆分，进而分配到每名研发人员手上，促进研发的完成。为了让需求足够明确，从产品到需求点的拆分规则可以按照 INVEST 原则进行，这样拆分出来的需求才适用于敏捷研发流程。那么，什么是 INVEST 原则呢？具体解释如下。

INVEST 原则是关于描述用户故事的一些要求。按照 INVEST 原则进行描述，可以让用户故事变得更加清晰、便于估计、容易测试。它具体包括以下几点。

Independent（独立的）：两个用户故事之间应该是互不依赖、互相独立的。

Negotiable（便于沟通的）：用户故事应该是便于沟通的，而且是无歧义、无疑问的。

Valuable（有价值的）：每个用户故事必须是有价值的，否则可以忽略这个用户故事。

Estimable（可估计的）：用户故事的工作量和成本应该是合适且可估计的。

Small（短小的）：一个好的用户故事应该是短小且具有代表性的，否则会无法分配工作。

Testable（可测试的）：一个用户故事要有完整的测试结论，即什么样算成功、什么样算失败。

关于用户故事，我们还需要了解一系列关于需求的概念。假设一个需求就是一个故事，那么一个庞大的需求（如销售报表自动化）就是一个大故事，我们称之为史诗故事（Epic）。它需要经过多个研发流程的开发、测试。再将史诗故事进行细分，就能获得若干主题故事（Theme）。主题故事还可以细分成若干小故事（Story）。将小故事拆解为更加细分且可落地的东西，就是任务（Task）。

比如，某公司要提升用户操作效率，这是一个史诗故事。而技术人员主要靠移动端的体验优化来达到提升操作效率的目的，其中的主题故事包括主页改版、重点功能改版等功能点。进一步细分，主页改版包括 Banner 位改版、增加搜索模块、增加用户操作历史功能等，这些都是小故事。再进一步细分，为了增加用户操作历史功能，设计师需要设计新的 UI，前端同事需要设计缓存机制，这两件事就是团队为达成目标所需要做的关键任务。

以上就是基本的需求粒度要求和需求拆分方法。接下来，让我们回到流程中。

在用户研究结束后，整理好从用户处得到的所有需求意向，并将其放入我们的需求池等待进一步处理。接下来，我们需要对方案进行初步梳理，并开始下一步的立项工作。这里应注意的是，并不是所有的需求意向都可以作为一个需求点，如下面这个案例。

> 用户 A 反馈的需求意向：首页的功能太多了，主要功能只能在功能列表中找到。
>
> 用户 B 反馈的需求意向：首页的功能最好可以自己定制。
>
> 其实这两个需求意向的根源都在于用户希望更快速地找到自己需要的功能，因此我们可以设计一个系统的方案，如增加搜索、常用功能模块等。

我们需要把意向全部转化为需求，将能合并的需求合并，同时可以按照产品路线图进行精简剔除。需要注意的是，这时如果还有没挖掘透的需求意向，则需要返回上一步，确保挖掘到的是真实的需求意向。

那么，该如何进行需求池管理呢？下面我将结合我的需求池模板（见下图），进行具体阐述。

需求池

编号	需求名称	需求内容	来源	优先级	提出时间	评审时间	评审者	工作量	版本排期	当前状态	备注
1	人脸识别SDK优化	更新SDK动作机制	事件上报	极高	1106	1108	小马哥	前端2人日	1115	开发中	上线后灰度测试
2	人脸识别并发优化	降低并发做兜底机制	事件上报	极高	1106	1108	小马哥	前端2人日	1115	开发中	上线后灰度测试
3	新人指南模块		事件上报	极高	1106	1108	小马哥	前端2人日	1115	已上线	上线后灰度测试

表格类目和设置原因如下。

（1）编号：即顺序编号，应保持与后续的开发同步，方便回溯哪个方案对应哪个需求点。

（2）需求名称：即阐明需求属于哪个平台、哪个模块，方便在梳理时准确定位。

（3）需求内容：即需求的来龙去脉，为确定方案提供参考。

（4）来源：即需求的反馈人，或来自同事或来自数据分析，方便对接并安排优先级。

（5）优先级：即需求优先级，需要由产品团队负责定义，在排期时使用。

（6）提出时间：即需求意向确认的时间，方便排期。

（7）评审时间：在评审完成时进行更新，方便追溯到具体关键节点。

（8）评审者：即评审者身份，后续有沟通不清楚的需求问题，可以直接与他对接。

（9）工作量：即评审得出的工作量，后续若有延期的情况方便参考。

（10）版本排期：根据评审得出的工作量获得排期结果，安排后续日程。

（11）当前状态：即当前项目是否已经上线，或是否延期，据此向领导汇报。

（12）备注：关于延期、改方案、驳回原因等情况的说明或其他信息。

这样，一个完整的需求意向表格就做好了，我们可以直接发给需求方，让他按照这个表格进行填写或进行会议研讨。这样做的好处是目的性较强，可以培养业务人员的产品意识，使沟通逐步走向高效。

2.2.2 头脑风暴会

头脑风暴会其实在需求意向收集阶段也会用到，但这个阶段的头脑风暴会主要以收集业务人员的诉求为主导，而非产品设计。这里要探讨的是产品导向的头脑风暴会，它往往关注产品层面的方案及优先级的确定。一个好的头脑风暴会一定要有一个原则，即根据头脑风暴会的议题充分发散、碰撞思维，但要避免互相评判攻击、打压对方的观点。

良好的氛围和环境是十分重要的。在良好的氛围和环境下，很多平时不能说的话也可以说出来。这样的环境通常是放松且愉快的，有利于减轻表达者的压力，从而提出更多创造性的观点。

同时，头脑风暴会是有协同效应的。很多时候，A 提出的意见会提醒 B，而 B 提出的进阶想法会刺激 C 发表意见。这样就会激发大家展开联想，引发条件反射，发散大家的思维。

头脑风暴会的流程如下。

（1）预热：重申会议的目的及范围，确定“风暴眼”。

（2）风暴：在自由发言阶段，发散思维，表达观点并进行记录。

（3）总结：重申有效的观点并记录下来，后续加以处理。

头脑风暴会的五大原则如下。

（1）会议人数控制为 3～10 人，人数过多会导致发言时间过长，进程缓慢。

（2）避免在讲解背景时过多地表达自己的观点，要激发大家主动思考。

（3）在风暴阶段，拒绝评论和“开小会”，同时每段发言控制在 3 分钟以内。

（4）主持人做好会议记录，记录有效观点和思路演化路径，必要时可以进行录音。

（5）与会者拥有平等的发言权，主持人掌控与会者的情绪。

总而言之，在会上，我们要激发大家的表达意愿，拒绝情绪化表达；在会后，我们要总结观点，进行记录。最后，头脑风暴会的结果应该是：拿出一套成型的产品系统方案，它可以不完善，但一定要剔除那些不靠谱的想法。

2.2.3 初评方案梳理

在方案梳理阶段，可以让研发、设计、测试人员参与进来。我们可以召开一个精简的短会，把多种方案的评审工作安排好，制作 DEMO，准备编写 BRD。BRD 主要包括以下几部分。

（1）当前产品情况概述：目前产品的运营状况是怎样的，遇到了哪些问题。

（2）问题分析：在遇到的问题中，哪些是核心问题，该如何解决。

（3）方案简述：解决问题的方案是什么，参考了哪些竞品，为什么选择这个方案。

（4）可行性分析：方案的可行性如何，有没有备选方案。

（5）成本预估：方案的投产比评估如何，其价值有多大。

（6）DEMO 演示：产品经理制作初稿 DEMO 并进行演示。

下面我将以之前做过的一个项目为例，分享一下对某工具型产品进行改造的 BRD 写作流程。从背景上来讲，这是一个面向保险客户的 C 端平台 App。此次分析的问题是平台活跃度低，用户黏性不达预期。产品分析如下图所示。

第一步，对产品存在的问题进行分析，同时进一步梳理目前产品定位黏性低的问题，如下图所示。据分析，黏性低主要是因为产品功能不够刚需或刚需功能低频，同时用户没有一个核心的操作主线，所以在此引出我们的立场——为产品寻找高频、刚需功能。

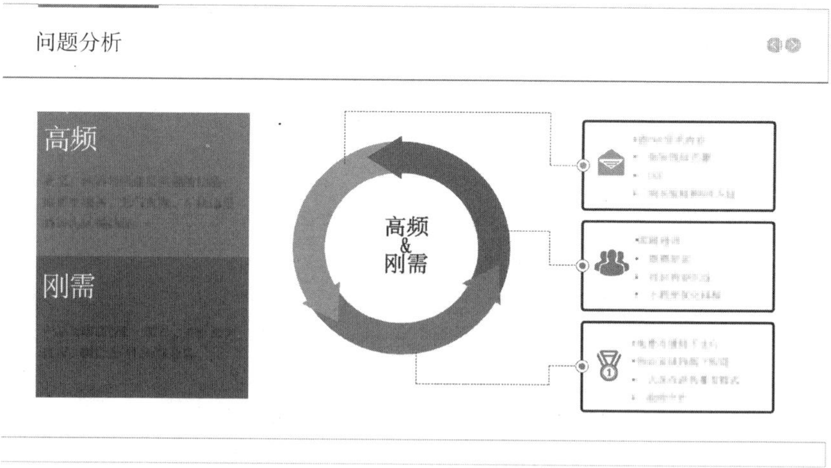

第二步，详细解释解决黏性低问题的关键在于打造高频、刚需的功能链条。同时，列举大部分互联网产品的做法，如 PGC 平台转向 UGC 平台，以此来提高用户的层次，建立有利于优质内容生产、沉淀的生态环境。对于黏性低这个问题，我们需要根据产品模式给出高频、刚需的价值功能点，如下图所示。

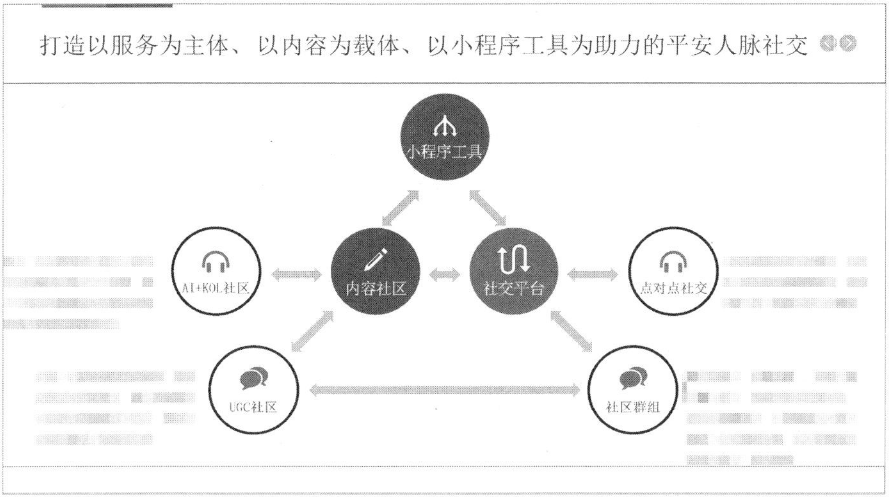

第三步，把这个方案具体化，简述该如何调整产品定位，如下图所示。根据现有的产品模式和公司的长项，我梳理了社区群组和 UGC 社区这两个尝试方向，试图将原来低频的业务模式转化成高频的业务模式，给予用户操作路径更多的关注，而不仅仅关注结果，从而扩大平台功能的覆盖范围，增加了从买保险理赔到与保险相关的社交讨论内容。

第四步，给出系统层面的改造内容，主要分为 4 个模块，分别代表了 4 个方向的尝试。通过搭建社交功能运营用户之间的关系，促使他们进行保险经验的交流，起到普及保险知识的作用；通过社交圈子，以兴趣为切入点，拓展用户之间的接触面；通过子公司的内容输出，打造权威的内容社区，获得更丰富的用户画像；最后以小程序为媒介进行第三方接入，打造全方位的金融服务开放平台。

第五步，阐述产品改造后的用户流设想和运营玩法，如下图所示。通过用户调研，我们得到了一些 C 端用户的诉求和场景。比如，用户希望得到保险业内权威人士的解答，也希望已购买保险的用户进行经验分享。通过把这些场景整合为功能原型，我们梳理了一些具有代表性的产品功能。

第六步，进行可行性分析，得出了时间成本可行的结论，如下图所示。这里可以讲一下我们目前的技术积累和人力规模是否足以支撑这个方向和量级的业务。

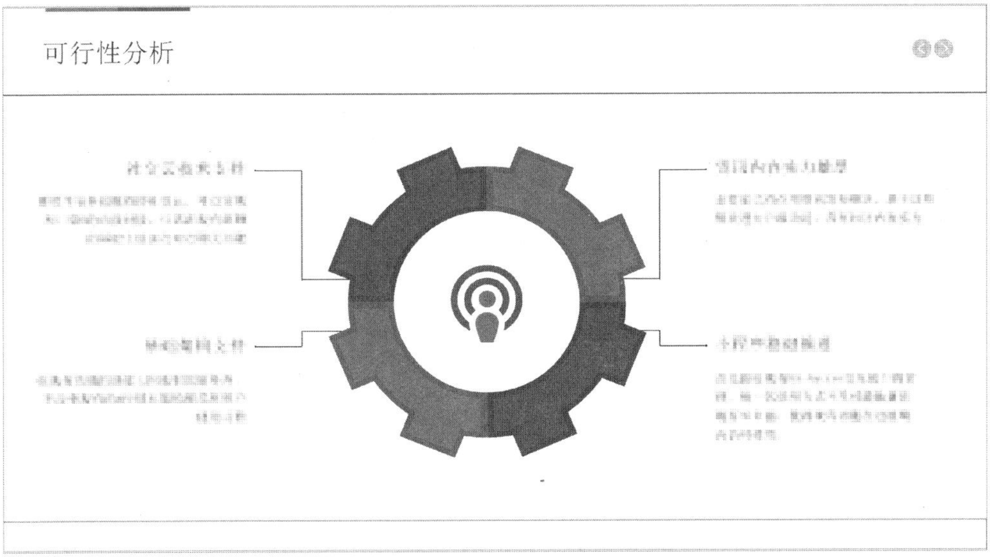

第七步，进行成本预估，通过需求方向计算工作量，为上面的结论背书，如下图所示。

最后一步，给出前景展望路线图，并提供 DEMO 进行演示，从而根据 BRD 让领导评审确认，争取立项和资源，如下图所示。

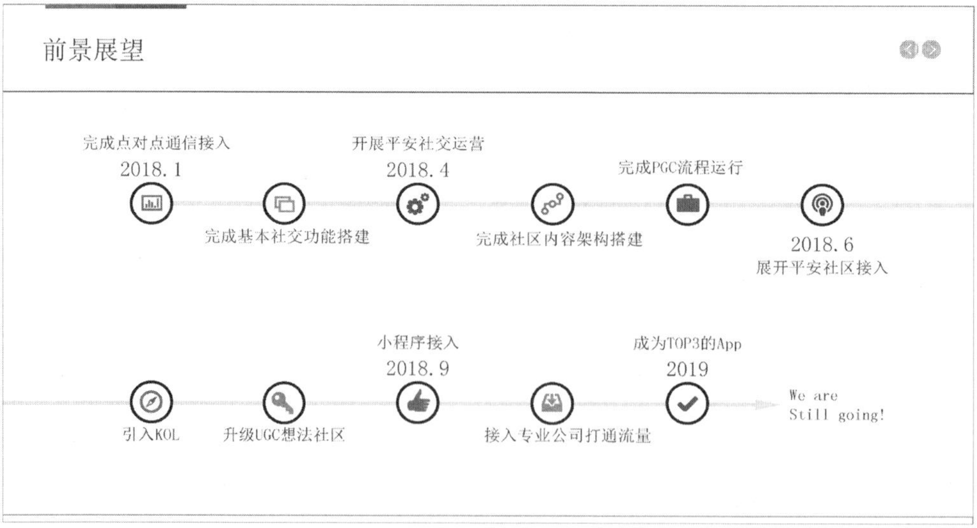

请注意，这里的评审其实是初评，是价值评审。这里的重点是做不做、做什么，而不是怎么做。如果过早地进入“怎么做”的阶段，就会因前期信息搜集不足，导致缺乏对工作量进行细致评估的信息，从而无法在会上确定怎么做。

“做不做”的评价维度是需求的价值，即收益；“怎么做”的评价维度是需求的难度，即成本。公司领导把控更多的是收益，而成本主要由产品经理和项目经理把控。

2.3 研发准备阶段

2.3.1 项目启动

在项目启动阶段，可能会出现以下几种情况。

（1）项目成员合作不畅，沟通混乱。

（2）目标不清晰，各自为战，浪费人力。

（3）信息共享不充分，项目实施效果不明显。

项目启动阶段是非常重要的，哪怕是开一个 15 分钟的站会，也能对当前的待办事宜进行同步。同步意味着减少了团队成员之间互相单点询问的时间成本，对团队的高效运作起到了很大的推动作用。项目启动的必要性主要有以下 3 点。

（1）敲定项目组成员和运作模式。

（2）高效同步项目信息，完成团队合作的破冰。

（3）同步项目目标，提高团队成员的积极性。

在项目启动阶段，要确定项目的团队和范围，以及时间节点和资源，还要确定里程碑和投产。常规的项目启动一般包括以下 3 个步骤。

1．项目启动邮件下发

由于前期已经进行了需求沟通和项目初审，因此研发、设计、业务、法务等部门已经对项目有了初步了解。

那么，项目启动的第一步就是以邮件的形式下发项目的相关材料，这样可以起到里程碑的作用，并且具有一定的仪式感。邮件示例如下。

标题：

项目启动：请关注客户 App 体验优化项目启动邮件

重要性：

正文：

尊敬的各位领导、同事：

大家好！经过前期的沟通和初审，客户 App 体验优化项目目前已进入启动阶段。该项目的具体情况如下。

（1）项目背景

对客户 App 的首页、内容模块等功能进行改版升级，收集用户活跃相关数据以促进用户转化。

（2）项目目标

2018 年 6 月之前完成全模块改版，改版后半年内月活提升 10%，转化率提升 2%，业绩提升 200 万元。

（3）项目团队

恳请各领导协调以下相关事宜。

① @张总派遣人员负责项目管理督导（Project Management Office，PMO）角色的支持工作。

② @马总安排客户端人员 2 人（安卓/iOS）、后台人员 2 人、测试人员 2 人全职负责项目支持工作。

③ @梁总指派艺术老师负责项目启动期间视觉、交互等设计工作。

④ @王总安排人员在 8 小时内处理法务、合规、专利等事宜。

⑤ @产品团队负责人 A 为“花生酱”，B 为“李专家”。

（4）项目内容

① 2018 年 3 月，产品团队完成设计初稿。

② 2018 年 4 月，研发团队交付内测版。

③ 2018 年 5 月，完成全部需求内测。

④ 2018 年 6 月全量上线。

（5）项目机制

① 需求问题、研发进度问题请统一与产品团队对接。

② 各方人选确认后请在此邮件中回复。

③ 后续追踪材料等项目启动后陆续下发。

④ 更多详情请参考附件 BRD，其他未尽事宜请及时通过此邮件进行沟通。

感谢各位领导、同事的倾力支持，期待与大家共创佳绩，谢谢！

项目启动邮件发出后，根据各方反馈的意见，整理好项目信息，补充至 BRD 中，作为公告即可。

2. 项目启动会议开展

项目启动邮件发出后，若无异常反馈，则可约各位干系人尽快召开项目启动会议。项目启动会议包括以下内容。

尊敬的各位领导、同事：

大家好！客户 App 体验优化项目启动会议将于本周五下午 3 点在 2001 会议室召开，请@周总莅临指导，@各位干系人务必到场，@其他领导、同事酌情参会。

产品团队将负责会议的主持工作，议程如下。

（1）项目背景同步及确认。

（2）项目目标拆解及数据口径确认。

（3）组织架构干系人破冰。

（4）初期里程碑待办事项及时间节点确认。

（5）其他未尽事宜讨论。

整个会议时间不超过 1 小时，请各位拨冗参会，谢谢！

在会上，产品经理需要按照会议议程和每个议程的目标按部就班地组织讨论。在讨论的过程中，产品经理要注意以下 3 点。

（1）避免对方案进行深究，粗略计算工作量即可。

（2）引导各方提出风险点和疑问并给出解决方案。

（3）做好会议纪要并在第一时间告知领导及相关人员。

3. 项目追踪材料准备

在团队开展项目时，产品经理需要时刻检视项目进度，发现问题并及时修正。这就需要产品团队站在统筹全局的角度，给出追踪材料和汇报材料，产品经理负责整理好这些材料并发送给各部门。这样做一方面可以保证团队的信息同步，另一方面可以使自己在高层领导面前保持一定的存在感，进而可以保持项目的活跃度，给团队以鼓励，使项目工作进入良性循环。

项目进展追踪材料的形式主要是周报或双周报（见下图），具体周期按团队节奏制定即可，切忌过于频繁而流于形式。若有重大进展，则可灵活安排。追踪材料有价值才是目的，周期和形式只是手段。

阶段	部门	目标	本周工作	下周工作	风险及请示	负责人
2018.2 第一周周报	产品组	产品规划方案输出	1. 完成了产品BRD 2. 完成了产品原型制作	推进视觉落地	暂无	花生酱
	研发组	产品研发				马总
	业务组	运营支持				周总

追踪材料以 Excel 的形式呈现，类目和详情按具体项目要求填写即可。准备好追踪材料之后，按照周期收集、发送即可。至此，我们的项目初期机制的搭建工作就算完成了。

接下来，我将进一步分析产品经理应该如何开展自己的工作。

2.3.2 高效产品设计

其实在项目启动前后，产品的设计工作就已经逐步开始进行了。产品的设计离不开团队的协作，虽然产品的改造方案是由产品经理推进完成的，但这不是由产品经理独自完成的，而是团队的共同努力。

因此，产品经理需要经常向各位专业人士请教，积极与他们进行沟通，不能独自决策。在与研发、交互、设计、测试人员沟通时，一定要遵循一个原则：尊重他人的专业领域，避免出现沟通效果差、沟通过程不愉快等情况。如下面这个案例。

设计是一个很模糊的概念，其行业门槛很低，大多数人都觉得自己有设计能力，其实不然。

设计包括设计思路和设计方案呈现。在设计方案呈现方面，只有设计师是专业的。

在与设计师沟通时，要围绕设计思路来展开。如果设计师的设计方案与你的想法没有太大的出入，就不要加以否定，而是要与设计师进行积极的交流。

比如，你只要告诉设计师要喜庆的红颜色就可以了，至于什么色号，让他自己决定。

总而言之，高效的产品设计离不开产品经理高效的表达方式。

2.3.3 清晰的路径：任务流程图

任务流程图是很重要的。对单一用户来讲，任务流程图一般是线性的，主要描述用户的操作过程。其绘制过程如下。

（1）确定用户的初始状态和结束状态，即用户出于什么目的，要做一件什么事情。

（2）确定中间有哪些分支流程，其判断条件是什么。

（3）连线并标注信息。

人脸识别任务流程图如下图所示。

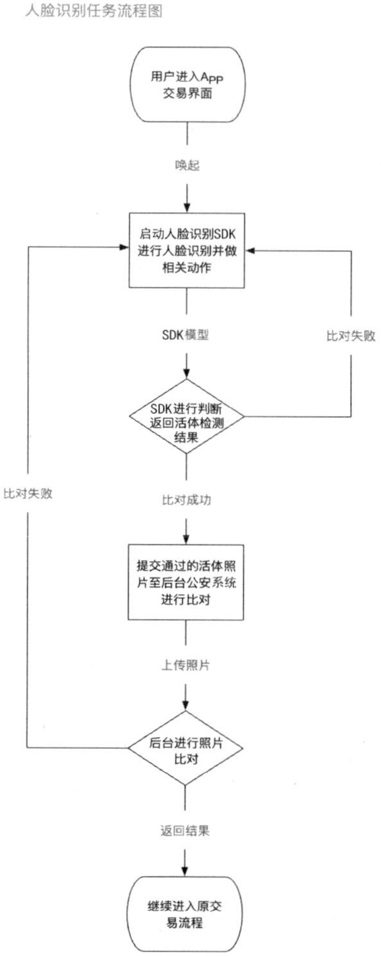

在梳理清楚用户的操作路径和流程后，下一步该分析后台系统层面涉及哪些交互动作和数据流转了。

2.3.4　一图抵千言：系统泳道图

想要说明系统发生了哪些交互动作，需要用到系统泳道图。系统泳道图可以说是任务流程图的另一个维度，它侧重于很多用户看不到的服务端数据流转。

系统泳道图的绘制步骤如下。

（1）列举哪些系统参与了该流程，用户操作在左侧，前后端依次排列成为泳道。

（2）按照任务流程图绘制系统泳道图，同时思考系统此时发生了哪些交互动作并补齐。

（3）连线标注系统交互动作名称。

（4）从左到右、从上到下重新布局，若动作同步（用户无须等待或需较短时间等待），尽量同行标注；若动作异步（用户需长时间等待），则跨行标注。

人脸识别系统泳道图如下图所示。

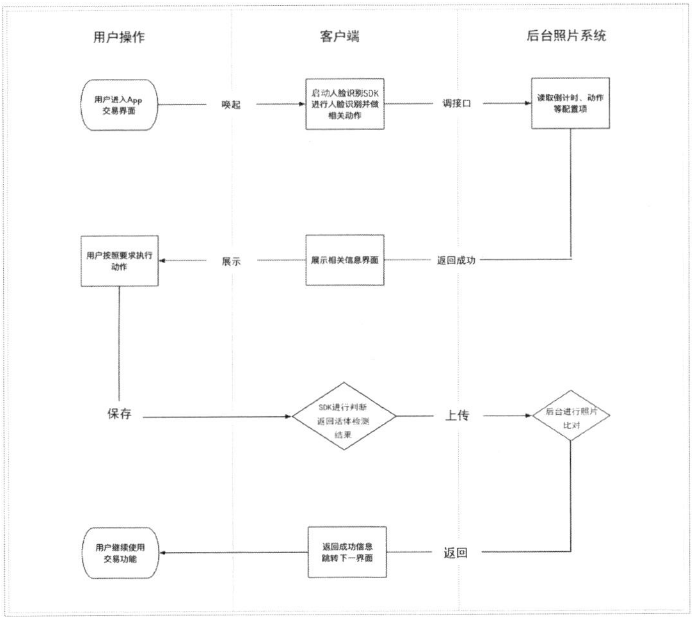

2.3.5 清晰逻辑：界面关系图

在梳理完用户的操作流程和系统层面的交互动作后，我们还需要绘制界面关系图，以便给用户呈现系统泳道图的进程。

绘制界面关系图时需注意以下几个方面。

（1）用户在每个步骤需要进行什么操作，他们可以看到哪些信息？

（2）这些步骤在几个界面中完成，每个界面分别包含什么元素？

（3）每个界面的上下级关系跳转逻辑是什么？

人脸识别界面关系图如下图所示。

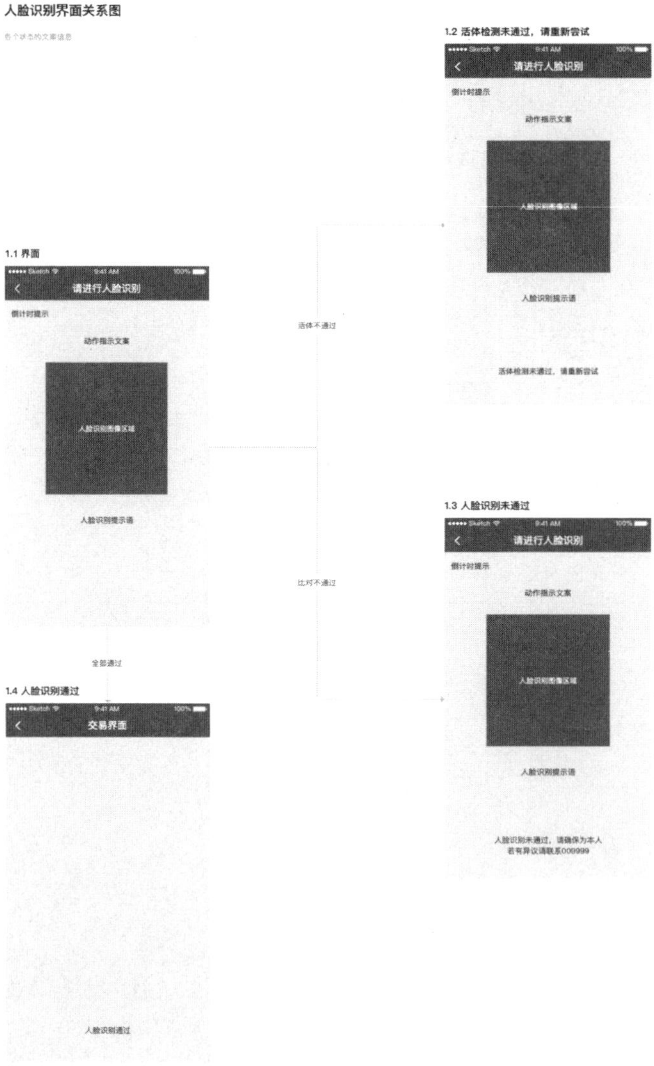

2.3.6　浮出水面：从原型图到视觉稿

在梳理完界面关系图后，我们已经基本给出了原型的初稿。现在，我们需要把每个界面进行细化，完成从原型图到交互稿再到视觉稿的过程。

（1）原型图：包括元素、布局、数据、特性等要求。

（2）交互稿：交互设计师或产品经理对原型图进行分析，进行交互层面的落地，包括布局和控件样式。

（3）视觉稿：视觉设计师根据交互稿进行修正和视觉设计，包括色彩方案、字体、控件大小等。

原型图（见下图）：

- 原型图的界面尺寸一般为 375px × 667px。
- 原型图元素控件展示可以用 App 设计师给出的规范化模板控件来做，也可以使用线框示意，只要标注清晰即可。

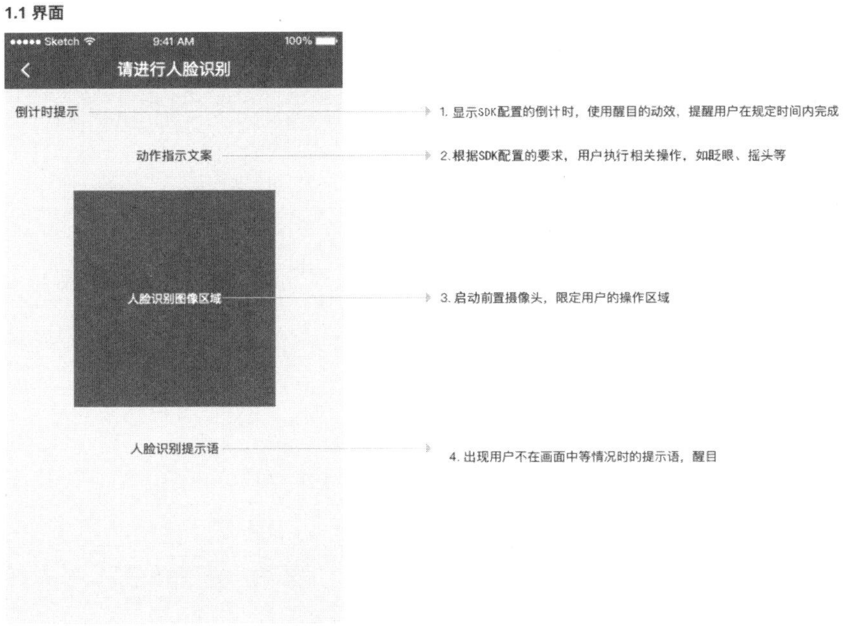

交互稿（见下图）：

- 交互稿的尺寸大小比较接近于实际视觉稿，主要为了描述交互动作。
- 交互稿要写清楚点击、按下、滑动、监测前置摄像头等交互动作标注及热区等内容。

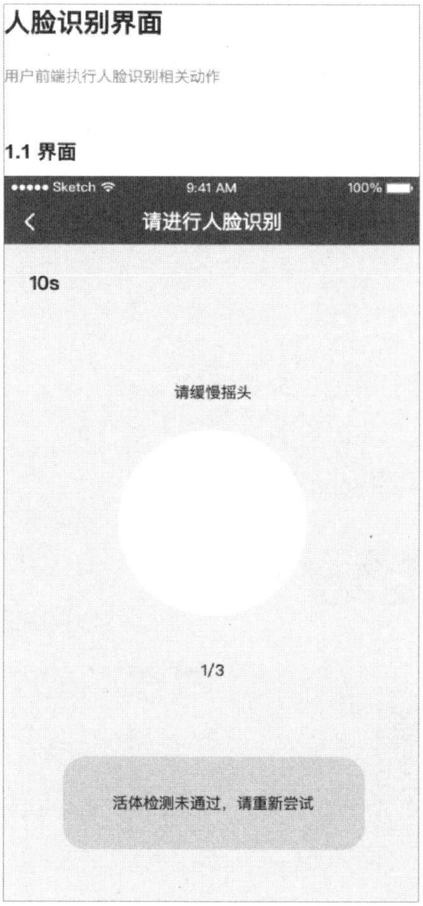

视觉稿（见下图）：

- 视觉稿是前端人员用来对照开发的素材。
- 视觉稿一般由设计师绘制，使用 Sketch、马克鳗等工具可以直接输出标注。

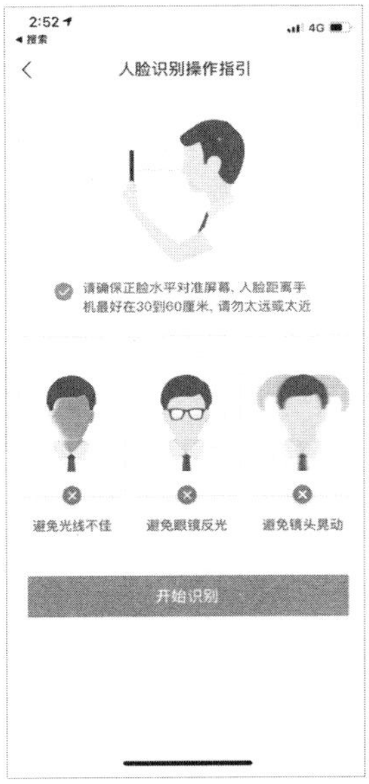

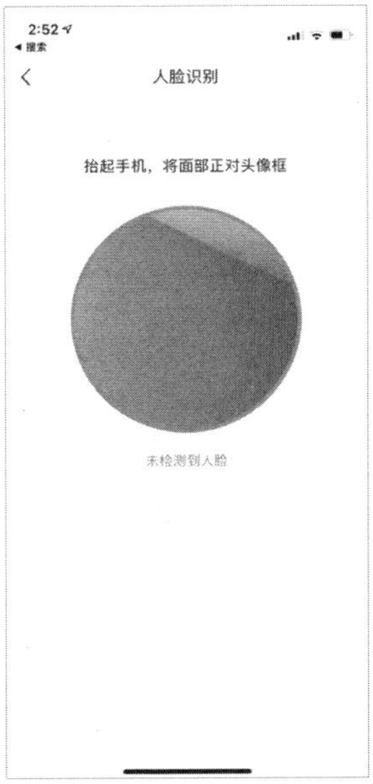

在完成以上步骤后，人脸识别的用户端界面图就完成了。

2.3.7　展示复杂状态的变化：状态机图

对于视觉稿界面的状态变化，可以使用状态机图来表示。状态机图是一个描述状态的图示，广泛用于前后端界面，方便梳理跳转、判断逻辑，同时可以帮助测试人员梳理清楚用例。

状态机图的绘制步骤如下。

（1）选择要描述状态的主体，可以是界面，也可以是系统字段，这里主要看你想描述的逻辑是什么。

（2）穷举这个主体的全部状态，并依次注明。

（3）观察各个状态之间有无互相转化的关系。

（4）连线并标注好转化条件。

人脸识别界面的状态机图如下图所示。

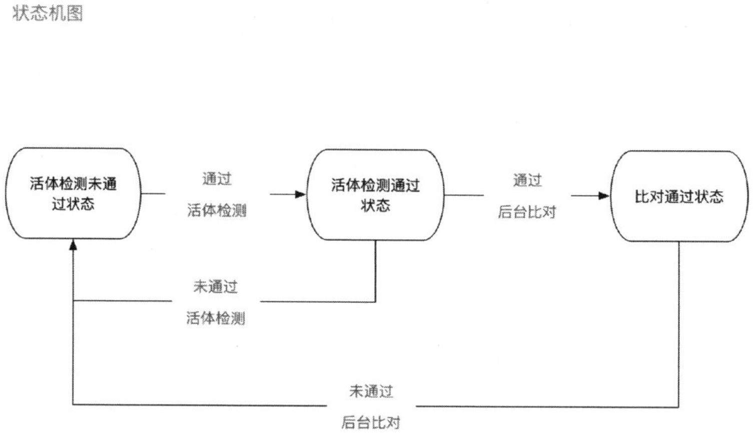

状态机图是很好的图例，下面我将展开来讲。

1. 什么是状态机

在做产品时，我们总会遇到一些比较复杂的逻辑问题，如状态的转换、字段状态的确认、权限的控制、状态的对应等。普通的流程图或时序图侧重于对流程和动作进行展示，缺乏对对象和状态的直观解读，而状态机图则可以解决这些问题。那么，什么是状态机呢？状态机一般是指有限状态机，即有限个状态情况的变化及表达。

2. 状态机图怎么画

当需要描述一个对象或系统的行为状态时，相比于直接用语言描述，我更推荐使用状态机表或状态机图描述。

首先，我们观察一下状态机图的基本元素，如下图所示，分为 5 种：Initial State（起始状态）、Simple State（标准状态）、Target State（目标状态）、History State（历史状态）、Final State（终止状态）。

在做需求时，我们应至少了解这 5 个元素，再加上动作和条件，就可以完成一个状态机图了，如下图所示。

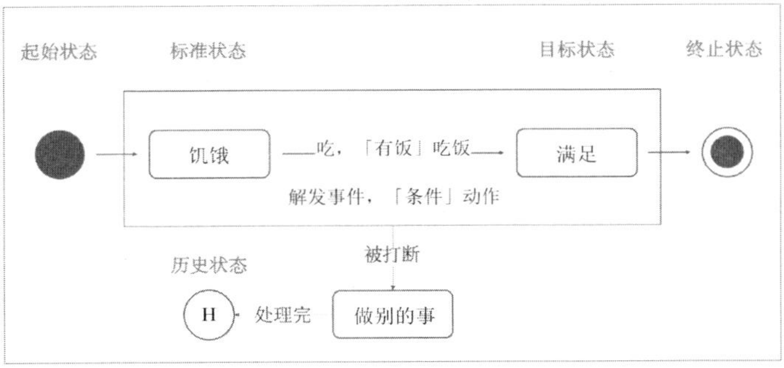

所以，绘制一个状态机图基本要用到以下 7 个元素。

（1）起始状态。

（2）标准状态。

（3）目标状态。

（4）历史状态。

（5）终止状态。

（6）动作。

（7）条件。

在使用状态机图时，我们可以参照一个案例，如下图所示。这是一个关于洗衣机的快洗模式状态图。

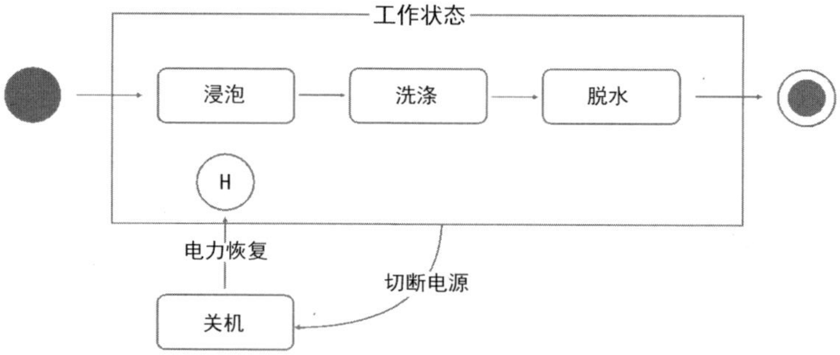

回到历史状态：做一个缓存，记录断电时的历史状态

在断电时，机器是有缓存的，所以在恢复流程之后，机器会回到历史状态。

3．状态机表怎么画

观察下面这个状态机图，它展示了一个简单的审批文件的状态流转情况。

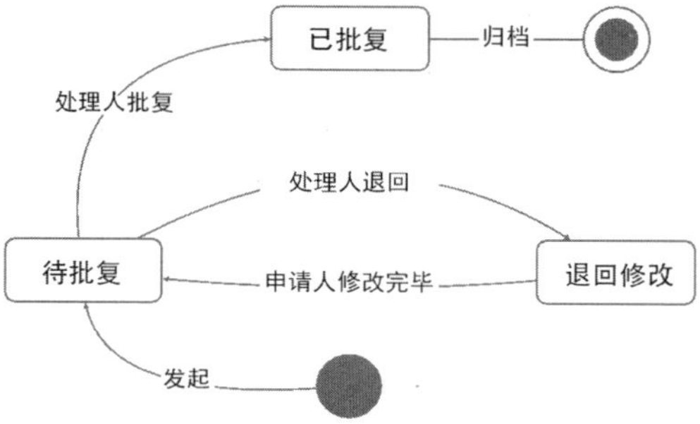

那么，如何把它转换成表格的形式呢？在此，我列举了两种形式，如下图所示。

	已批复	待批复	退回修改
已批复	—	—	—
待批复	处理人批复	—	处理人退回
退回修改	—	申请人修改完毕	—

	已批复	待批复	退回修改
处理人退回	—	退回修改	—
处理人批复	—	已批复	—
申请人修改完毕	—	—	待批复

左侧图中表格的列表头为初始状态，行表头为终止状态；右侧图中表格的列表头为动作条件，行表头为终止状态。在动作较多且较复杂的情况下，我们可以采用右侧图中的表格，这样会比较清晰。

4．使用场景

在讲解逻辑或系统泳道图过于麻烦时，可能会用到状态机图。对于产品经理提出的需求，工程师通常会把它画成状态机图以方便编码。在梳理需求时，状态机图是一个帮助思考的好工具，更是一种代入感很强的表现形式。

2.3.8 编写 PRD

编写 PRD 可以说是产品经理非常重要的工作之一。想要编写一份好的 PRD，应该遵循以下几个原则。

（1）内容包括项目排期、需求名称、PRD 版本、产品负责人的姓名。

（2）使用便于读者理解和阅读的模板框架。

（3）有详尽的内容描述，并且尽量高效、直观，上文提到的图示就是很好的手段。

（4）语言要通俗易懂且无歧义。

PRD 模板包括以下几个部分。

（1）目录：展示 PRD 的标题和目录。

（2）变更历史：PRD 包括初稿、评审稿、开发稿、生产稿等，所以要标注好版本和变更历史，以免误读。

（3）需求背景：讲述需求的业务背景，同步项目目标和价值导向。

（4）需求综述：包括功能点的表格和优先级等信息。

（5）需求详述：各个功能点的详细描述，每个功能点要有完善的需求信息描述。

（6）运营及上线要求：方便研发人员设计系统架构，同时方便运营人员协调资源。

（7）数据及埋点需求：上线后的报表输出及追踪数据情况。

（8）其他需求：如法务合规评审、隐私条款更新等补充内容。

下面我们看一下人脸识别的 PRD 是什么样的。

1．第一部分：目录

目录的作用是方便确认文档的时效性并导航阅读，如下图所示。

20200719 人脸识别模块_8.1 版本_v0.3_花生酱

1 目录

20200719 人脸识别模块_8.1 版本_v0.3_花生酱……1
1 目录……1
2 变更历史……1
3 需求背景……2
4 需求综述……2
5 需求详述……3
6 运营及上线要求……8
7 数据及埋点需求……8
8 其他需求……8

2．第二部分：变更历史

变更历史描述了变更的日期及原因，如下图所示。

·2 变更历史

文档版本	撰写时间	变更人	属性
V0.1	2020-06-12	花生酱	创建文档：基本流程图及需求详述
V0.2	2020-06-15	花生酱	补充视觉效果图及运营计划
V0.3	2020-06-19	花生酱	评审后的需求细节更新

3．第三部分：需求背景

需求背景分析了需求的业务背景，如下图所示。

·3 需求背景

为了加强和提高用户登录交易模块的安全性和效率，拟在 App 前端接入人脸识别功能。同时，需与公安认证接口对接，并建立照片库以积累风控数据。

4．第四部分：需求综述

需求综述展示了优先级评级规则和需求表格，如下图所示。

·4 需求综述

优先级评级规则：

P0 为核心功能点及生产问题；

P1 ~ P4 为功能优化点；

P5 ~ P8 为代码调整及内部优化等。

序号	需求名称	详情	优先级	评审人	备注
1	人脸识别用户端界面	App 端用户在使用人脸识别时的交互界面，包括人脸动作及反馈信息	P0	李后台、王安卓	8.1 版本
2	后台照片系统接口对接	包括公安认证接口和前端配置信息及返回状态接口	P0	李后台、王安卓	8.1 版本

5. 第五部分：需求详述

需求详述包括以下几项内容。

（1）用户及场景。

（2）流程图。

（3）原型图。

（4）需求描述。

（5）其他要求。

6. 第六、七、八部分：运营及上线要求、数据及埋点需求、其他需求

这几部分主要是梳理清楚发布的时间和要求、数据的口径和字段、后续有哪些运营活动及其他未尽事宜，如下图所示。

6 运营及上线要求

8月1日在深圳地区进行用户试点，8月10日全量开放。若遇生产问题，则关闭功能开关。

7 数据及埋点需求

后台新增人脸识别报表，报表系统同步排期，8月5日上线，视觉按照报表规范。字段为：

（1）用户 ID：user.open_id

（2）用户姓名：user.name

（3）比对次数：face_log.count

（4）初次比对时间：face_log.first_time

（5）最新比对时间：face_log.updated_at

8 其他需求

用户隐私协议新增如下字段：

当您使用交易功能时，我们将采集您的照片信息，需您开放前置摄像头权限。本比对信息未经允许将不会与第三方共享。

2.3.9 高效研发评审

在 PRD 初稿完成后，就可以召开需求评审会议并进入开发阶段了。需求评审是需求方案落地前最重要的正式确认环节，具有极强的战略意义。在这个阶段，我们的需求方案可能会被否决。所以，为了不浪费之前付出的心血，减少评审的时间成本，我们一定要做好评审的准备工作。

会议安排及注意事项如下。

（1）主持人一般是产品经理，会议需要前端、后台、设计、测试等人员参与。

（2）会议议程是对照 PRD 逐项进行需求点的评审，由研发及测试人员给出工作量并确定方案，设计师和产品经理补充答疑。

（3）会议结尾要安排研发及测试人员复述需求，以确保没有错误。

（4）评审完成后，要总结好三方面内容：需求点工作量及排期情况；PRD 补充修改意见；初步的研发案例。

在评审会议结束后，我们可以以各方确认后的邮件形式代替会议纪要。邮件示例如下。

尊敬的各位领导、同事：

大家好！人脸识别需求已经于 6 月 19 日完成需求评审，共计 5 个工作日，暂定排期 8.1 版本。

感谢各位同事的大力支持，后续产品研发工作将由产品负责人花生酱及项目经理李研发跟进。

补充的 PRD 和研发素材包见附件。其他未尽事宜请反馈给以上两位负责人，谢谢！

在评审会议结束后，就进入了预研发阶段。在这个阶段，研发和测试人员需确认反馈的方案、用例，随后正式进入排期，开始研发。

会议期间，关键的人物必须到场，否则会影响后继工作的顺利开展。比如，我曾经提出了一个以后台为主导的需求，与后台、研发人员协商好，如果需要关联方配合，要及时和我沟通。但在需求快上线的时候，H5 开发团队突然发现这个需求需要 Native 支持，而此时 Native 已经没有人力安排，导致排期出现了问题。

在这个案例中，产品经理给主研发团队下发了任务，但邮件通知对研发人员来说是比较弱的通知。因此，在召开评审会议期间，研发、测试等相关人员必须全部到场，否则很容易出现信息传达不到位的情况。

总之，产品经理在这个阶段应第一时间发现团队存在的问题，协助团队解决问题。

2.4 研发阶段

2.4.1 高效项目管理

1. 产品经理与项目经理的区别

产品经理和项目经理看似是两个极不相关的概念，但其实很容易混淆。那么，二者的区别到底是什么呢？

产品经理主要负责产品管理及市场调查，根据用户的需求，确定做什么样的产品，用什么样的技术方案，搭建怎样的商业模式等。同时，产品经理还要根据产品的生命周期，协调相关部门的人员。

项目经理是项目团队的领导者，其首要职责是在预算范围内保质、保量地协助项目小组成员完成全部项目的工作内容。为此，项目经理必须在一系列的项目计划、组织和控制活动中做好规划和牵头工作，从而实现项目目标。

项目管理有三角形制衡的说法。项目管理三角形是指项目管理中范围、时间、成本 3 个要素之间互相影响的关系。所以，从这个角度来看，我们就会更加清楚产品经理与项目经理的区别：产品经理负责产品的价值，安排项目的范围、时间、成本；项目经理在既定要求下，权衡项目的范围、时间、成本。

2. 项目管理是什么

你现在可能对项目管理还没有概念，这可能是因为你的项目还没有大到一定程度，也可能是因为有人承担了项目经理的角色。但我觉得，产品经理一定要懂项目管理，否则在各种团队项目紧急的情况下，他是难以攻克项目的难点的。下面举一个我自身的例子。

起初，我对产品经理的认知是，产品经理只负责项目结果和产品效果，如果两者达不到预期，则是执行人员的问题。后来，我发现这种想法并不能让我成长，因为我忽略了影响最终结果的重要因素——过程。

我原来以为把文档写好，把需求讲好，把验收做好，就可以保证结果。但其实随着团队规模的扩大，过程中的变数越来越多，关联方也越来越多，随波逐流式的工作方法已经捉襟见肘。如果你在做某些事之前没有规划好，往往会被牵着鼻子走，这会使你感觉很累，且无法掌控结果。

现在，我把我的认知修正为：产品经理是以结果为导向的，过程管控对结果的影响很大，故以结果为导向就要做好过程管控。

这不单单是怎么跟项目的问题。“跟”就像篮球比赛中的盯防，这个动作可以很灵活地防守单人进攻，但面对复杂的挡拆进攻毫无办法。这时就需要产品经理有管理的意识，从单人防守变成全体联防，针对问题随时调整“跟”的方式。

当然，每个团队的问题、氛围、规则制度都不一样，而最合适的方法永远来自对自身团队问题的梳理。所以，作为产品经理，我们要做到以下 3 点。

- 意识到项目管理的重要性。
- 给项目管理提供一种思路。
- 传播项目管理的视角和心态。

3. 项目管理解决了什么问题

一开始，我认为需求的产出和规划比较重要，所以对自己的文档和表达无比自信，我觉得只需要做好下面的事情。

- 了解各个团队的需求意向。
- 开会应对需求。
- 写文档提需求。
- 对接开发讲需求。
- 每两周追一下进展。

但在团队、需求多了之后，我发现我的精力开始不足了，我已经没有时间把原型画得无比细致、把文档写得十分精确了。方法和工具成了沟通的载体，简洁、高效才是我追求的目标，于是催生出了更多的问题。

- 明明沟通过某些事，但对方还是说不知道。
- 明明做了一些事，但回头觉得自己什么都没做。
- 明明做出了一些成绩，但领导不知道。

- 明明很用心在做事，但团队氛围越来越差。
- 明明目标很明确，但中途总会偏航。

这些问题数不胜数，我把它们一一梳理了一下，总结了三大类问题。

- 沟通方式和同步的问题。
- 团队氛围的推动问题。
- 汇报机制和记录的问题。

4．项目管理怎么做

为什么总结为这三大类问题呢？在这里还要引入一个概念——三大角色。其实仔细想想，所有的项目都是三大角色之间的互相作用。这三大角色是这样划分的。

- 责任人：责任人是团队的主管，他可能不是团队领导，却是团队中最核心的人物。
- 干系人：干系人是次于责任人的参与者，包括各个团队的研发、设计及运营人员。
- 利益相关人：利益相关人不直接参与项目，但与项目的结果、过程建立了联系，如高层领导、资源部门等。

这三大角色的重要作用是什么呢？

- 责任人掌控了项目的方向和进程，如果责任人停滞不前，那么干系人是没有方向和原动力的。
- 干系人把控了项目的质量和进度，他们在一线工作，最后需求的实现程度是他们的答卷。虽然责任人也会把控质量，但干系人才是输出者。
- 利益相关人决定了项目的前景和价值，他们更关注如何使项目的价值更大。

对于这三大角色，对应上文的三大类问题，产品经理可以采取如下三种解决方案。

（1）对于责任人，应该做好沟通和同步工作。沟通方式包括面对面、电话、视频、邮件等。其中，面对面沟通会带来更多的信息碰撞，但只有文字沟通才有利于信息保留。所以，当我们不确定要不要开会时，可以问问自己：“现在需要沟通问题还是需要同步问题？”如果需要沟通问题，则越直接越好；如果需要同步问题，可以用文字来沟通。可能有人会问，如果用文字沟通，那么该如何确定对方能否看到？这时候就需要建立一个“收到请回答”的机制。在沟通时，以收到责任人的确认反馈为准，这样才能确保责任人完全理解项目的方向、目标、方案，从而确保责任人的资源投入方向准确无误。

（2）对于干系人，应该做好团队氛围的推动工作。我不建议干系人像责任人一样花费大量的时间在沟通上，因为这样会大幅度削减干系人的输出，影响项目的整体质量。干系人其实是没有项目整体概念的，因为沟通是有断点的，所以他们对项目的认知也存在断点。也就是说，如果没有做好团队氛围的推动工作，干系人就会不清楚项目目标，从而陷入无所事事的境地。所以，我们需要做好对干系人工作的进度把控，而不是让他们和其他角色之间进行混乱的直接沟通。

（3）对于利益相关人，应该做好汇报机制和记录工作，即做好汇报日历。对于运营人员，要提前给出推广计划安排；对于财务人员，要提前做好预算和流程；对于领导，要安排好汇报的时间节点，如双周、月报等。对于利益相关人的汇报要专注于结果，而不是沟通过程，因为这个汇报其实主要是单向的，附上沟通过程选看即可。

5. 项目管理的意识

综上所述，我们形成了一套完整的项目管理方案。

- 第一步，确认项目的三大角色，记录好每个角色的职能范围和需求。
- 第二步，确定与每个角色的沟通、汇报机制和时间节点。

- 第三步，严格按照时间节点安排工作，在出现偏差时做好同步和再安排工作。

做好这三步，并不断循环下去，会使项目沿着一个好的方向发展。但项目的发展不可能是一帆风顺的，遇到问题时不要抱怨，因为问题的出现会让我们看到改进的空间。项目管理是有章法的，成功或失败并不代表什么，其背后的原因才是让我们成长的关键。

2.4.2 高效沟通汇报

1．沟通汇报的重要性

沟通和汇报是实际工作中非常重要的一部分，一个关系到业绩的考核，一个关系到与领导的距离，以及能否为以后的工作争取资源。但事实上很多人都忽略了沟通和汇报工作，觉得它们枯燥、无聊、没难度，不能提升能力。

其实不然，在团队协作的过程中，信息衰减是很严重的。比如，有的人很有能力，做 10 分，说 6 分，领导只看到 5 分；有的人很擅长汇报，做 9 分，说 8 分，领导能看到 7 分。所以，汇报是工作中尤为重要的一部分。

很多产品经理工作很用心，却无法引起领导的重视。出现这种情况的一个重要原因就是产品经理在汇报、沟通时缺乏逻辑、没有规划，导致自己的付出没有得到相应的回报。

那么，我们应如何对待沟通和汇报工作呢？下面我将根据一些案例加以说明。

2．沟通汇报的流程

我们可以把沟通汇报的流程想象成一个 Feed 流，领导就是我们的用户，我们该如何运营呢？

沟通汇报的流程大致可分为三个阶段：沟通明确阶段、跟进进展阶段、总结汇报阶段。

在这三个阶段中，我们的汇报原则和汇报重点是不同的。在沟通明确阶段，当接到领导需求时，要厘清 6W3H 的九大点，不清楚的点要和领导当场确认。只有厘清这几点，才能完全领会领导的意图，从而进一步进行需求分析和方案确认。

那么，何为 6W3H 原则呢？

（1）Why：为什么要这样做？

（2）What：具体要做什么？

（3）When：什么时候开始？

（4）Where：针对哪个模块或哪个问题？

（5）Who：谁来负责？

（6）Whom：关联方是谁？

（7）How：具体怎么做？

（8）How Much：成本是多少？

（9）How Long：需要花多长时间？

如下面这个案例。

> 领导：我们把报表功能重新做一下吧，相关人员反馈不好用。
>
> 产品经理：反馈的是交互问题还是性能问题呢？
>
> 领导：性能问题比较大，而且字段太多了。

产品经理：好的，我去处理。

大多数产品经理和领导的对话都是这样的，也许出于对某些事情的顾虑，他们不敢跟领导翔实的沟通。但在这样沟通后，领导的内心也是疑惑的。所以，我们一定要在接到领导需求时和领导确认清楚。然而，仅仅确认来龙去脉是不够的，还要让领导了解我们的想法和下一步动作。范例如下。

领导：我们把报表功能重新做一下吧，相关人员反馈不好用。

产品经理：反馈的是交互问题还是性能问题呢？

领导：性能问题比较大，而且字段太多了。

产品经理：我们的重点是提升体验吗？砍掉一些字段可以吗？

领导：可以砍，但是必须经过业务方的同意。

产品经理：好的，我会跟他们确认。您希望什么时间上线？

领导：我承诺的是 11 月底，尽量按这个时间点。

产品经理：好的，11 月底有资源支持，下周一进行需求评审，本周五之前给您方案，您看如何？

领导：可以，去推进吧。

在领导安排完工作后，我们要用简洁的语言把这些内容复述一下，范例如下。

领导，跟您确认一下：

为了提升 App 的体验（Why）

您希望我和业务部门（Who）（Whom）

于本周五之前（When）

针对报表查询这个功能（Where）

厘清目前尚在使用的字段（What）

请您确认一下是否还有遗漏。

在领导确认这些内容后，我们就可以跟业务部门确认方案了。在跟业务部门确认方案后，还要跟领导确认以下事项，范例如下。

领导好！

已跟业务部门确认，报表优化的方案如下。

（1）字段由 100 个精简为 30 个，明细见附件。

（2）查询主界面显示优化，详情界面跳转查看。

（3）历史加载结果在本地保存，提升查询性能。

共计改造工作量为 30 人日，预计 11.30 版本全系统上线，预计载入效率提升 50%以上。

特请示领导，请领导批示，谢谢！

这样才是一个好的开始。

在跟进进展阶段，要根据方案和时间节点情况，拟定一个汇报日历，如下表所示。

任务下达	业务方确认	研发开始	研发阶段	上线时间
11月6日	11月7日	11月10日	11月20日	11月30日

记录好项目的关键时间节点，做好汇报节奏的规划，不能事事都请示领导，否则

会变得依赖领导；也不能不请示，否则领导会觉得我们的工作情况不在他的掌控之中。

具体的汇报节奏要根据领导的时间安排和工作习惯而定，如两天左右汇报一次或在下班时间汇报等。如果遇到方案确认或需求变更的情况，一定要及时告知领导，范例如下。

领导好！

报表精简项目正在推进中，目前进度正常，风险点暂无。

为提升体验，我们新增了筛选功能，后端工作量不变。

我们重新布局了信息展示，效果图见附件。

各项情况汇报完毕，谢谢！

在跟进进展阶段，我们既要让领导了解进度的情况，又不能给领导造成困扰。

在总结汇报阶段，当项目快要结束时，一定要把一开始的目标和最终结果进行对比。在总结汇报时要用数据说话，这样才会给领导留下深刻的印象，范例如下。

领导好！

报表精简项目已经推进完毕，11 月 6 日至 11 月 30 日，需求完成率达 100%。

目前页面使用次数增加 20%，载入时间减少 50%。业务部门反映，改进后的报表功能得到好评。

各项情况汇报完毕，请指示，谢谢！

汇报工作做不好会导致很多项目石沉大海，因此我们一定要加以重视。

3. 沟通汇报的心得

在职场中，沟通和汇报是非常重要的。一个成熟的职场人不应抱怨工作的繁杂，而是理解、运用职场的上下级运作规则来实现自己的利益最大化。不用心汇报的人可能会承受更大的压力，面临各方的质疑；而认真汇报的人，他的工作会变得越来越轻松、简洁。

2.4.3 Showcase 和测试

Showcase 是评审时的用例展示。测试人员通过 Showcase 环节来和产品经理确认用例，以确保自己对需求的理解无误。Showcase 环节左右了测试的方向，而测试的质量影响了交付的质量。

那么，Showcase 和测试为什么如此重要呢？这就要从需求的研发流程开始讲起。

需求进入研发流程，产品将经历从无到有、从几行代码到完整程序的过程。这个过程很像大树的生长。

一个完整的程序是有一个主旋律的，也就是主分支。研发工作是集成性的，几个人会同时进行开发，而并非像流水线一样，后顺位等前顺位。每名研发人员所用的测试环境，通常被称为一个分支。相应地，他们各自的代码也在不同的测试环境中进行测试，以防互相影响测试效果。这种机制在原则上符合控制变量的思想——即在不同的环境下开发，可以避免两个开发动作之间互相影响。

不同的环境大致可分为 3 种：测试环境、预发布环境、生产环境。

首先，研发人员研发、测试人员测试所用的环境，统称为测试环境。测试环境是用来展示和遍历用例的。研发人员会在第一时间向测试人员展示自己的开发成果，对于这个环节，产品经理非常有必要参加。开发成果展示得越早，产品经理对结果干预参与得越早，产品可优化的空间就越大。

当研发人员在各自的分支上研发完毕后，就要把这些分支统一合并到主分支上进行测试，以防这些代码之间互相影响。这就是回归测试，回归环境是生产环境的初期形态。

在回归测试通过后，还需要在预发布环境中进行测试。此时，需要连接生产数据库，使用生产环境的真实数据进行测试。预发布环境的存在是为了消除那些不易被发现的测试环境和生产环境之间的差距。在预发布环境之后，若需要灰度，还会有一个灰度发布版本，操作方式就是在 10 台服务器中选择 1～2 台进行升级，若有问题，方便随时回滚。

在以上工作全部完成后，就进入了生产环境，这意味着代码已经完完全全以最新的形态在生产用户中运行。此时，生产环境的数据变更、代码修改等动作就需要严格管控了。当遇到生产问题时，不能草率行事，需要第一时间制定策略，如下发紧急版本、紧急公关等进行最高优先级处理。

产品经理应尽早参与这个过程，和测试人员沟通好，并能够随时使用测试环境进行体验，以便灵活调整方案和做取舍。方案再好，也容易被误解和遗忘，不断测试打磨才是硬道理。

2.4.4 需求变更

通常，一个需求是不会顺利上线的，需求变更的情况时常发生。如果不能妥善处理需求变更的情况，很容易引发团队成员之间的矛盾，甚至导致产品失败。

需求变更通常是各个团队最害怕发生的事情，因为需求变更意味着节奏被打乱了，已经打好的基础不适用了，前期分析的成果不准确了。这时，团队成员难免会产生抵触情绪。因此，我们要总结一套方法论，以应对需求变更。我们要做好预防工作，防止需求变更的情况发生，减少对团队造成的损失；如果发生需求变更的情况，我们应尽量凸显此次需求变更的必要性和价值。

第一，从源头上进行管控。从原则上来讲，我们并不希望发生需求变更的情况，因为需求变更是一种异于常规情况和流程的少数情况。但少数并不意味着不合理，需求变更往往是极大价值倒逼的结果，如领导层突然改变方向、监管政策突然调整、技术突然出现巨大革新。因此，我们的原则是，抵制伪需求带来的变更，拥抱有价值的变更。在面对需求变更时，我们要冷静处理，充分了解这次变更的价值和必要性，而不是在收到消息后匆忙找研发团队进行评估。

第二，从方案层面进行把关。如果有必要进行需求变更，那么我们就要决定是否变更了。是否变更取决于变更的价值增量是否大于变更成本，而变更成本要考虑产品的节奏和生命周期。这时，一定要和研发人员进行小范围评估，避免在还未下定论时牵扯太多人，造成不好的影响。当小范围评估完成后，要充分论证这次变更对未来的影响，并把变更历史记录在文档里。只有这样做才能保证这次变更不是草率的，且对下次评估和变更有警示作用。

第三，加强团队情绪管理。当发生需求变更时，团队成员的第一反应是担心、恐惧、不理解。为了减少给团队成员带来的伤害，需要帮助团队成员从情感上得到收获。最好的方式是使团队成员获得成就感和认同感，这就需要我们做好团队成员的心理建设工作。首先，要和团队成员达成共识，即这次变更是一件好事，并且要摆出事实数据来证明，如这次变更提高了点击率、转化率。通过这样的方式，改变团队成员对需求变更的不理解。其次，要提高团队成员的参与度，把每次需求变更变成团队成员的共同决策，而不是某个人的“一意孤行”。只有这样才能提升团队成员的成就感，使大家理解需求变更是不可避免的。

总而言之，需求变更即变化，变化是普遍存在的。在处理变化的过程中，我们要认识变化、评估变化、管理变化，从这 3 个层面递进式地拥抱变化。只有这样，我们才能做出优秀的决策，落地完美的变更。瞬息万变本身就是产品的属性，以不变应万变才是产品经理最好的状态。

2.4.5 验收

在测试验收阶段，一定要注意跟进那些除用户故事外影响上线的因素。

下面给大家讲 3 个案例，这 3 个案例反映了很多问题。

案例 1：研发流程规范化

在进行回归测试时，产品经理可能对某个 UI 的实际效果不满意，想要加一句提示语或改一下控件大小。如果你觉得改动不大，只要简单验证一下就足够了，那你就大错特错了。因为 UI 的修改必须经过广泛的验证，这也是测试人员要保证的事情。

我曾经亲身经历过一个项目，就是因为临时新增了一句提示语，导致对应的安卓机型没有做好适配工作。该品牌手机的底部有一个“下巴”式的按键，在有提示语的 UI 环境下，这个按键挡住了主要操作按钮，导致很多用户没法使用该功能。

一个小小的前端修改直接导致了大量手机用户无法使用该功能，这种情况是非常严重的。研发团队只能紧急加班，重新进行适配打包，并在第一时间下发紧急版本。

这种情况的出现，无论是前端开发人员还是测试人员、产品经理都负有责任，本来只是小小的修改，却造成了糟糕的结果。这件事充分说明了研发流程规范化的意义。无论进行多小的调整，都要按照研发流程工作，即使是文案的小修改，也要经过研发评审、测试用例评审。只有将流程规范化，才能保障产品的交付质量。

案例 2：回归测试

在功能扩展前期，我们与保障部门沟通好，配好了 2 台服务器，支持 500 并发量，同时也将统计口径和费用一一确认，但在上线时还是出现了问题。

因为在产品上线时，我们并没有进行逐步开放，而是选择信任关联方和前期工作的准备，直接开放。不幸的是，我们遇到了下面两个问题。

（1）原本支持的机器临时发生故障。

（2）服务器供应方没有分离处理各需求方。

这就造成了一个很严重的事故：由于前期沟通过于顺畅，供应方认为这是小事情，没有安排专人进行现场指导；同时，供应方低估了我们的并发量，没有考虑在超限情况下的处理办法，因此我们的服务拖垮了整个服务器，造成了其他团队支付业务的宕机。而此时，供应方只能根据量级和紧急程度做决策，临时关掉了我们的服务。这个做法直接造成了我们服务的中断，很多用户将问题上报给了运维部门。而关联方并没有把这个情况告知我们，从而导致了用户的恐慌，后果非常严重。

所以，不管之前如何约定，一定要在上线前进行回归测试，站好最后一班岗。

案例 3：极端情况处理

极端情况的出现会给运营和客服部门带来一定的压力。在项目上线初期，大部分压力都集中在运营部门，他们需要时刻监测用户反馈，同时帮助用户查找问题。对此，我们应注意以下几点。

第一，如果产品的异常情况没有被妥善处理，就会引发更多的问题。当用户没有登录权限时，仅仅提示“您当前没有权限”是不够的，还需要给用户提供明确的指引，让流程得以延续，如“您当前没有权限，请联系上级授权”。

第二，要完善产品的监控机制，一旦发现某个流程数据异常，要马上查找问题。在一般情况下，用户往往会认为这是网络问题，从而选择不断尝试。实际上，主动上报问题的用户并不多，而且用户上报的时效性是无法保障的。所以，对某些关键数据进行实时监测是解决这个问题的必要措施。比如，在项目上线开放时，通过实时监测注册用户及登录用户的数量，可以判断注册登录机制是否有效，是否有大量用户被卡在漏洞中。

所以，我经常和运营人员讨论极端情况出现的原因及解决对策，这种与利益相关的讨论可以让团队的关系更加密切。

以上所述是验收阶段 3 件再小不过的事情，但如果这 3 件事同时发生，会带来很严重的后果。所以，我们要总结每次失败的经验和教训，避免犯同样的错误。

2.4.6 发布阶段

发布相当于临门一脚，发布阶段没做好，是很容易出问题的。

发布阶段要进行好多个步骤的组合拳准备工作，包括生产验证方法、客服文档、生产验证环境及账号、发布时间、发布范围、发布方式。发布阶段是一个时间紧、事项多的阶段，如果在这个阶段出现问题，那么留给我们决策的时间会很少。所以，如果没有预案，任何一个环节的缺失和不周都会产生很严重的风险。

发布阶段主要分为以下 3 个步骤。

（1）需要再次确认各个关联系统是否准备好，是否需要留有缓冲的余地。

（2）确定发布渠道和用户群体，检视安装包情况。

（3）确保并发量、配置项及发布顺序无误。

同时，为了做到万无一失，我们需要提前想好发布阶段可能出现的问题及应对措施，如以下几个问题。

（1）如果发布失败或出现重大生产问题，是否可以回滚？

（2）如果不支持回滚，在出现生产问题时，是否安排相关人员第一时间修复？

（3）修复时间需多久？在这个时间段内造成的损失会有多大？

发布阶段还包括一些特殊情况，如 A/B 测试和灰度发布。

1. A/B 测试

当新产品发布时，通常会有 A 和 B 这两种方案，但前期无法决定用哪种，需要依据上线后的数据来进行决策。为了确定数据的变动是否受 A 和 B 方案的影响，我们需要控制变量。比如，在同样的环境下，对相似的用户群体同时发布这两种方案，这种测试方法就叫作 A/B 测试。

但 A/B 测试不是万能的，它往往只能在短期内进行，这也就意味着得出的数据和判断都是短期的结果，如果分析不当，很可能错误地选择了短期有效但长期无效的方案。而且 A/B 测试需要一定的系统服务层面架构的支持，并不是毫无成本的“万金油”。

2. 灰度发布

灰度发布与 A/B 测试很像，它可以算作 A/B 测试的特殊情况。灰度发布相当于两种方案不是 A 和 B，而是 A 和无。也就是说，在某个系统方案风险很大或影响面很大的情况下，我们先进行内部测试，即在生产环境中先开放给内部用户使用。鉴于这次发布是真实的发布，但又不是全体发布，就好像一种不完全黑的黑色覆盖在了白板上，于是人们把它形象地称为灰度发布。

灰度发布需要制定好发布的一系列动作，打好组合拳。比如，2.11 版本在深圳地区开放新版人脸识别 SDK（简单的开发钥匙），在观测数据一周后决定关闭或推广。

若遇到灰度生产问题，则随时关闭功能试点；若数据指标提升至 2%以上，则按正常期限进行开放处理。

2.4.7 发版和发包

通常，一款产品是有前端和后台的。一个需求的改动往往也会涉及前端和后台，在某些情况下甚至需要和关联的多个系统后台一起发布新版本。我们通常称后台发布为发版；而前端的发布结果通常为一个升级包，所以我们统称为发包。在通常情况下，后台会先于前端发布，以支持、服务前端新上线的各个功能点。从顺序上来讲，一定是兼容性大的先发布，在验证通过后，关联平台再依次发布。

我们在负责多个产品时，一定要梳理清楚版本是前端版本还是后台版本。如果涉及功能入口、架构的调整，那么很大概率是需要前端发包支持的，而前端版本未必与后台版本是同步的。在后台升级时，除非出现漏洞或兼容问题，否则前端用户是无感的；而在前端发包时，根据账号或发布范围，用户会收到相应的升级提示。所以，前端发包不应该过频，也不应该过缓。如果出现功能依赖前端发包的情况，千万要分清楚上线日期是后台发版日期还是前端发包日期，否则就会闹笑话。

同时，在多个后台联合发版时，如果无法安排好时间，只能选择在夜晚、凌晨等用户不会使用的时候进行发版，产品经理和研发团队应该在这段时间内进行验证和问题处理。在存在各种服务时间的金融机构的 B 端产品中，这种发布方式是很常见的。而 C 端产品通常采取后台逐步发版、灵活回退的方式进行发布。在发版时，不但要考虑兼容性，还要考虑特殊情况的数据处理。比如，游戏公司在更新游戏时，一般会先暂停服务，此时如果正好有玩家正在游戏中，就会遇到游戏中断的问题。对于这些玩家，游戏公司会提供相应的补偿，如该次游戏的结果不计数，同时赠送给这些玩家一些礼包。

2.4.8 生产验证和运营、运维部门的配合

发布阶段的完成并不意味着产品上线成功，要想成功上线，还需进行最后一道工序：生产验证。在进行生产验证之前，还要安排好生产环境的账号供其使用。那么，什么是生产验证呢？明明测试通过了，为什么还要进行生产验证？

生产验证，顾名思义，要使用生产用户账号、生产环境安装包，在生产环境后台进行操作验证。产品发布后，要第一时间安排生产环境的再次验证，从而避免因测试环境的某些因素导致问题未被发现。生产验证讲究流程和完备性，万万不可敷衍了事，我们应做到以下几点。

第一，验证主要流程是否可以跑通。

第二，验证次要流程是否有问题。

第三，验证极端情况，看提示语和系统交互是否正常。

在生产验证通过后，才意味着产品研发完全成功。

在生产验证通过后，要确保运营和运维部门知悉了此次改动，从而配合我们打开生产配置项并进行运营活动。

这个阶段的主要工作是撰写客服文档并发送给相关人员。客服文档的内容如下。

（1）此次需求有哪些改动。

（2）此次改动会影响哪些用户及哪些使用场景。

（3）哪些功能会受影响，用户该如何操作。

（4）在用户不能自己解决问题时，由谁来对接解决。

有了这份文档，我们就可以避免在生产环境出问题时焦头烂额。所以，我常常开玩笑地说：客服文档就是产品经理自己给自己买的保险。

2.4.9 问题处理

产品在发布时难免会遇到一些问题，这时就需要按照预案进行处理。如果是突发问题，没有预案，通常按以下步骤进行处理。

第一，要马上做决策，减少对用户端的影响。首先，要判断问题的严重程度，是影响了核心业务还是边缘数据？是否可逆？其次，要判断问题的影响范围，是否需要公关协助？在评估之后，就要选择是回滚还是紧急修复。最后，如果存在写入或修改的异常数据，要做好异常数据的处理。在通常情况下，如果发布后出现交易数据问题，要马上进行修复，并通过对账的方式手动解决问题。总之，生产问题需第一时间进行处理。

第二，要马上定位问题，确定修复方案。问题可能来自后台、前端、数据库，总之整个系统架构都可能会出现问题。但通常前端的问题是比较好识别的，只要看一个功能的请求是否顺利到达后台、请求是否符合要求即可。而后台的问题就比较复杂了，如逻辑可能出错、数据可能写入失败、并发可能超量等，总之要约定好前端接口的报错编码，方便第一时间确定后台的哪个环节出现了问题。

第三，如果问题无法及时解决，则要紧急决策，不要互相推诿。在出现问题时，团队的整体气氛是非常紧张的，成员很容易产生急躁和怨恨的情绪。这个时候一定要先成立一个专门的小组，牵头梳理问题。这个专门的小组通常由各个系统的产品、研发、运维等部门人员组成。运维的管理者往往会充当掌控者的角色，带领大家逐个排查系统异常。在定位问题时，我们很容易忽略表象而去追寻问题的根源，这会导致异常情况的遗漏，或用户情绪安抚工作不到位，所以这时要安排专人及时记录异常情况，生成异常列表，在定位好问题后逐个进行处理。

在举行重大活动，如“双 11”“双 12”时，对问题处理的要求不亚于春晚现场直播时的要求。稍有不慎，就会造成上千万元甚至上亿元的损失。所以，作为产品经理，我们要做好平常的积累和问题的预演准备工作，同时在现场冷静地处理问题。

2.4.10　数据体系

在数据分析方面，需要统一团队对分析维度和指标的认知。

数据分析的依据是在立项时的产品目标，只有把产品目标转化为可追踪的数据，才能分析出条理化、可量化的进展流程和优化方向。

我们不怕数据不好，数据不好起码可以得到试错经验并分析优化方向。我们怕的是在做需求时毫无目的，连数据变动方向都没有逻辑，这样就毫无收获了。

某些需求在上线后，会影响产品的很多指标，这就需要我们评估是否需要拆解、整合数据指标，哪些指标可以作为核心指标来判断这个需求的效果。

在选定指标后，就可以进入数据挖掘阶段了。在进入这个阶段之前，我们需要确认以下 3 点。

（1）统一数据口径。数据口径决定了数据的取数维度，如是分渠道还是总体评估。

（2）统一数据来源。数据来源决定了数据的时效性，如从哪个系统提取数据，这些数据是否为底层数据，其同步时效为多久。

（3）确定数据计算方式，形成最终的数据指标。

常见的数据分析手段有以下几种。

- 线性流程的漏斗分析：分析系统各个层级的衰减情况，再拆解各个衰减情况的核心系统影响因素，逐个击破。

- 次日、七日等留存分析：对新增用户在一定周期内的留存情况进行分析，得出产品定义和运营方面的结论。
- 性能日志监测分析：对前端崩溃、慢请求等情况进行监控分析，发现系统性能问题并提升体验。
- 埋点数据分析：分析界面的跳出率、返回率、误操作率等数据，发现交互方面的问题。
- 召回率分析：主要在问答助手等项目中，跟踪用户的哪些请求被正常响应，从而不断优化逻辑。

数据分析一定要以业务逻辑为支撑。比如，对一个内部办公软件采用次日留存分析的方式来衡量核心指标就是不合适的，因为这个产品是要求强制使用的。比较靠谱的数据包括性能数据和使用率、使用时长等。

比如，有一次，一位数据产品经理向我咨询：某个任务模板为什么每月只有 20 次推送触发？这样小的量级，是否要将该模板下线，以节省资源？于是，我给他讲解了这个任务的业务背景，他马上就明白了。因为这个任务是优秀用户的专属任务，可以带来巨额的转化，不但打开率达到 100%，而且每次打开都会带来万元以上的收益，所以不能只从触发量来考虑。

业务场景的变化会带来数据的选取、结论的变化。所以，大家不要本末倒置，不要纠结于数据量级和炫酷的分析方法，实用才是唯一的标准。

2.4.11 数据分析

数据分析的意义在于，它可以通过一定的业务逻辑和产品形态，使产品形成一定的价值。也就是说，产品、业务、场景的有机结合是可抽象的、可分析的，分析的源头就是数据。当数据积累到一定的量级时，由于量级太大，导致数据已经不能通过手算、心算或 Excel 统计清洗了，这样的数据通常被称为大数据。大数据通常可以有效反映用户的行为，甚至可以帮我们发现逻辑推演所不能得出的结论。

数据分析一般分为以下几个步骤。

（1）目的先行：明确数据分析的目的，有目的才有范围，有范围才有方向。数据是一个巨大的宝藏，如果没有目的，数据分析就会迷失方向。

（2）底层数据：明确哪些数据可以衡量这个目的，可以作为一个指标参与分析。

（3）数据处理：在很多情况下，数据是缺失的、不标准的，这时就需要先进行数据处理再进行数据分析。

（4）逻辑分析：数据分析要以逻辑分析为根本。逻辑分析的种类包括异常分析、相对分析、绝对分析等。

（5）结论输出：在数据分析完成后，还需要把数据分析的背景、目的、方式、结论进行可视化输出，从而形成方案并作用于实体。

数据分析一般是以一个价值链条或用户流程为基准的。比如，分析一个商品落地页的转化，就要使用最经典的漏斗转化模型，从用户触达、进入、浏览、停留、分享、转化等环节进行分析，得出每个环节的衰减数据，找到可提高优化的点。再如，想提升社区的营收，可以将创收方法分为开源和节流两个方面，继续拆解分析发现 90%的转化发生在高活跃度群体中，从而将运营策略从寻找新用户转变为服务高活跃度群体。总之，一个目的代表了一套分析逻辑。

底层数据的选取决定了数据分析的规模和准确度。必须确保底层数据完整，如果因某个埋点不支持而导致不能进行漏洞分析，那就犯了比较低级的错误了。因此，在一开始提交需求时，就要把后续数据分析追踪的方式想清楚，因为没有可衡量标准的需求是无法进入评审环节的。

在数据处理阶段，在事实既定的情况下，我们可以通过技术和算法来弥补底层数据的不足。案例是有标体和非标体之分的，数据也是有结构化和非结构化之分的。比如，在填写性别时，有的用户会填写“女”，而有的用户会填写“女性”，这两个数据虽然体现的是相同的意思，但形式完全不同。在使用这种数据时，我们需要对数据进行清洗。同时，试点阶段的极端数据、生产环境的少量异常数据，都可能对我们的分析产生影响。数据处理的目的就是排除这些无关的数据。

通过逻辑分析，我们可以找到数据的规律和逻辑。这个阶段通常是从异常情况入手，分析过高、过低的数据是如何出现的。同时，我们可以通过回归等算法对数据进行相关性分析，从而得知哪些功能比较活跃的用户更容易转化。通过这些逻辑链条的分析，我们可以得出指导产品迭代方向的结论。

结论输出阶段是数据分析的点睛之笔。如果没有好的输出，数据分析将仅仅停留在空想阶段。对于数据分析结论的输出，关键要做好以下两点。

（1）以图代言，摆出事实。

（2）给出可落地的决策建议。

在进行数据分析时，我们可以将抽象的语言转换成图表的形式，使其变得具象且直观。在数据分析的过程中，我们需要进行大量的分析和思考。如果没有图表的佐证，非职业的数据分析师将无法在第一时间厘清思路，而图表会让数据分析的过程更流畅、结论的可读性更好。所以，数据可视化是我们需要重点修炼的技能，这也是为什么很多人把产品经理叫作文档经理和 PPT 经理的原因。数据分析结论的输出是影响落地效果的重要因素之一，所以大家千万不要忽略。

2.4.12 大型项目与多产品协同

与简单的需求相比，复杂的需求有以下几个特点。

（1）涉及多用户群体和多种场景。

（2）涉及多个系统前端、后台的同步改造。

（3）需要各个系统同步发布验证。

这时，我们需要把沟通的范围和排期的范围扩大，而在这个过程中，往往容易出现问题。我就遇到过如下几个问题。

（1）关联方不清楚改造方案，没有参与评估工作。

（2）关联方参与评估不及时，导致整体项目延期。

（3）关联系统发布出现问题，没有与项目进展同步。

为了避免这些问题的发生，我们要在第一时间和研发人员确认好关联系统的情况，并在项目立项时请领导安排相关人员负责此项工作。

在规划好自己的系统工作的同时，也要确保负责关联系统的产品经理及时、正确地完成需求分析。在这里和大家分享 3 个要点。

（1）第一时间知会关联团队，最好同时启动项目，并确保人力资源有所预留。

（2）需求评审、联调等重要节点必须与关联团队配合，否则就要上报问题留档并申请资源。

（3）在设计方案时，要留有余地。假如关联系统不支持，要做好取舍。

在做大型项目或进行多产品协同工作时，一定要制定好合作机制和沟通机制。既然是协作关系，站会等沟通方式就不能仅限于各个团队内部，而是要以项目组为单位进行。定期沟通是定位问题并确定下一步任务分派的比较高效的方式。如果因为担心影响开发进度而拒绝沟通，就会出现各自为战的混乱局面，从而浪费更多的时间。

比如，我在做某个产品时，曾经需要与多个团队进行合作。除我所在的前端团队外，内容运营团队、中台团队、AI 能力团队、后端团队也需要进行配合。在联调阶段，一个语音助手里的视频课程无法加载，前端团队第一时间发现了问题，开始进行自查，但始终无法定位问题。之后，我们通知其他关联团队，中台团队、AI 能力团队也展开了自查，但依然没有结果。最后，大家只能紧急召开项目组会议，这才发现是后端团队的测试环境有问题，同时内容运营团队的链接也配置错了。这两个问题单拿出来都是很简单、很好定位的，但因为分散在两个团队里，分开来看，就很难被发现。

这个案例说明，在联调阶段，各个团队需要保持实时互动，否则在发现问题时仅在团队内进行自查，是很难发现症结的。为了避免这种情况出现，产品经理一定要发挥沟通的主导作用，站在全局的角度，以打破架构的方式进行思考，为项目解决跨团队沟通的问题。

第3章

高效全局工作

3.1 如何对待工作中的问题

3.1.1 解构问题

作为产品经理，我们在工作中常常面临以下问题：第一，关联方太多，团队之间的工作氛围不同，团队文化存在差异，沟通压力大；第二，事项太多，团队中每个人对于重要事情的理解是不同的，因此常常出现分歧。这些问题如果不能被妥善解决，就会严重影响我们的工作效率。想要解决以上问题，必须做到以下 3 点。

（1）深刻认识问题。

（2）摆正对待问题的态度。

（3）找到好的解决问题的方法。

要深刻认识问题，就要知道什么是大事、什么是小事。比如，对一个专业的团队而言，创造价值就是大事，而某位员工喜欢边工作边听歌这种事情就是小事。同时，在遇到问题时，千万不要想当然地去揣测别人。比如，某位员工工作消极并不代表他没有热情，也可能是他当前有更重要的事情。所以，在工作中，不应从个人的角度，而应从团队的角度考虑问题。我们身在平台中，不能脱离平台而独立存在。因为团队合作是需要默契的，这份默契就是每个人愿意为团队妥协的部分。其实所有的问题几乎都可以归为价值观不合。按常理来讲，如果某个人思维跟不上、能力不足，只不过会影响工作的效率；而那些和团队中每个人的价值观导向都不合的人，才会让我们身心疲惫。

3.1.2 把握团队方向

在产品经理的日常工作中，四象限法是贯穿始终的一种决策方法论。通过四象限法，我们可以得知哪些事情是重要的、哪些事情是紧急的，从而决定哪些事情先做、哪些事情后做、哪些事情不做。但四象限法存在一个问题：当团队的方向、价值观不正确时，四象限法就等于建立在错误的基础上，最终会走向错误的结果。

也就是说，四象限法仅仅使我们在“做”的层面上更加清晰，告诉我们要按什么样的原则和顺序去做，但在“定方向”的层面上是缺失的。所以，如果想团结一个团队、提升整体效率，还需要从源头做起，即解决目标和方向的问题。

那么，该如何“定方向”呢？通常，在谈到“定方向”时，大家都会想到关键绩效指标（Key Performance Indicator，KPI）。KPI 是基于企业战略目标进行拆分量化的一种追踪管理体系。

也就是说，KPI 是通过对工作目标进行倒推建模而得出的一套量化指标。这些指标分配到我们每个人的头上，就变成了一个个死命令、硬指标。这个过程看上去可以把目标变成可量化的指标，但实际上存在诸多问题。

第一，KPI 的测算成本很高，常常需要劳师动众才能得出比较靠谱的、和企业目标相关的指标，同时还需要大量的评估工作才能将之拆解到各个团队、落实到每个人的头上，而且并不是所有人都可以计算出明确的 KPI 的。

第二，KPI 的测算很复杂，调整也一样复杂。这也就意味着 KPI 的时效性较强，难以应付瞬息万变的市场形势。

第三，KPI 是经过处理和分解的产物，这意味着普通员工很难掌握运算过程的逻辑，他们也并不知道个人指标对整体目标的作用。也就是说，KPI 是过于细节化和结果论的。

那么，我们究竟该如何调整体系方法，才能保证工作方向的正确性呢？在这里，我为大家推荐目标与关键成果法（Objectives and Key Results，OKR）。

3.1.3 OKR

如果说 KPI 是工作的瀑布法，那么 OKR 就是工作的敏捷法了。

OKR 是英特尔公司发明的一种明确目标、过程、结果的追踪工具方法。

OKR 的核心在于提高每个人的参与度，并随时总结调整。这个方法的优越之处在于充分调动了每个人的主观能动性，团结团队，让团队成员作为一个整体为结果负责。KPI 可以强制推进一个组织为了一个指标贯彻到底，并可以作为一个强有力的考核工具；而 OKR 更像一种思考方式、运作方式或提醒看板，让每个人认同目标、全心全意想方案，再一起庆祝总结。所以，将 OKR 和四象限法相结合，我们将会收获一份合理可行的工作规划。具体做法如下。

1. 确定 OKR

第一步，召集团队成员，确立一个统一的目标，并把它写下来。这个目标要足够重要且有鼓舞力，同时是每个人认同和为之奋斗的使命。比如，我们要制定一个半年的 OKR，鉴于我们的公司是一个保险公司，可以将目标设置为：在半年内持续支撑业务部门达成目标。

第二步，划分为 3 个关键步骤。在梳理关键步骤时，要逐步完成目标，即消除分歧和令结果具体化。假设我们有一个关键工作：帮助业务部门完成销售人员招募目标。

第一个目标：消除分歧。首先我们要确认业务部门有哪些。如果指的是销售管理团队，必须写清楚。其次我们要明确招募目标是什么。销售人员的招募和市场行情、经费资源、系统都有关系，所以只能用相对数据衡量。根据数据分析我们发现，要把招募失败的情况降到 n%。最后我们要理解帮助是什么意思。帮助是指要把因系统因素导致招募失败的情况降到 n%以下。

第二个目标：令结果具体化。根据历史数据测算，上文中的 n 应为 2，即全部团队都认同：系统支持团队帮助销售管理团队将因系统因素导致招募失败的情况降到 2%以下。

第三步，把这个目标转化成一个正向且条件完善的结果，并补上信心指数：当销售管理团队季度招募目标为 100 人以上时，在无紧急需求的情况下，要将因系统因素导致招募失败的情况降低到 2%以下。同时，信心指数为 5 分，满分为 10 分。

依此类推，我们可以得到一套清晰的 OKR。结果如下。

OKR 当前状态

目标：半年内持续支撑业务部门达成目标。

关键结果 1：招募成功率达 98%（5/10）。

关键结果 2：系统正常加载比例达 95%（5/10）。

关键结果 3：全流程无问题上报率达 90%（5/10）。

通常，我们选取的关键结果的初始信心指数都是 5 分，这意味着这个目标有一定挑战性但又不至于不切实际。

2．完善 OKR

通常，在每周一上午，我们要确认好 3～5 个重点关注的任务，并标上优先级。必做的任务标为 P0，如生产环境的问题；无异常情况需完成的任务标为 P1，如重点推进事项；剩下的任务从 P2 开始，依次排开。我们可以得到如下任务。

本周关注任务

P0：完成招募平台体验改版的工作。

P1：完成重做自助入职功能的工作。

P2：上线新的促进入职的活动。

之后，我们要确定未来四周的计划，明确哪些事情需要提前提上日程。在很多情况下，虽然人们彼此承诺了很多事情，但如果没有把这些事情提上日程，人们就都会心照不宣地忽略这些事情。所以，重要的事情一定要记录下来。未来四周计划如下。

未来四周计划

（1）完成新版设计、规范的制定工作。

（2）签订新的供应商合同。

（3）制定工作量衡量标准。

最后，在工作的过程中，我们还要制定一些具有保障性的指标，否则一旦发生意外，就会导致上述 OKR 机制整体失效。比如，重大公关、安全事件的发生导致客户关系出现重大问题。所以，这些关注指标也要标注一下，并及时跟进状态。我们可以得到如下状态指标。

需保障的状态指标

优秀：团队士气。

正常：业务满意度。

3. 运作 OKR

最终，通过梳理我们得到了 OKR 的表格，如下图所示。

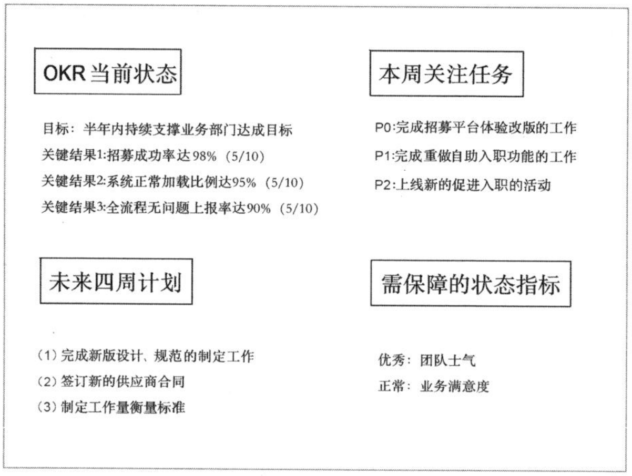

我们要根据这个表格不断进行确认，把控节奏，以确保事项准确推进，推荐的做法如下。

运作节奏：要确定正确的节奏，如在每天早晨召开的站会中，对 OKR 进行检视，确定任务的进展情况、团队士气情况，通过邮件将检视结果通报给 OKR 全组。同时，在每周五安排庆功分享会，请团队成员讲述自己对这个阶段 OKR 所做的贡献和新的发现，时间控制为 3～5 分钟。

阶段总结：由领导安排团队在每个季度的固定时间完成检视工作和下季度目标的制定工作，在目标确认后，要把团队的 OKR 内容以全体会议的形式通报给每个人。

目标导向：尽量透明地展示每名员工的 OKR 情况，鼓励大家对 OKR 提出意见并不断调整直至走向正确的方向。

3.1.4 总结

总而言之，OKR 是一种鼓舞人心、统一目标、团结团队的运作方法，它让我们的工作有节奏、有目标。同时，当团队中的每个人都知道对方在做什么，以及个人的优先级和团队的优先级完全匹配的时候，这个团队的沟通就会十分顺畅，上下级之间的关系也会比较融洽，同事之间彼此信任。只有在这个基础上，运用四象限法筛选出来的重要之事，才是真正的重要之事。

如果你对公司的业务深度不理解，或者你觉得团队成员在各自为战，或者你对自己的处境不满意，不如带领团队进行一次 OKR 分析，以便找到自己的方向。

3.2 做对且最对的事情

在本职工作之外，我们还会遇到各种各样的事情，需要满足不同的需求。比如，和外部厂商谈判，甚至要讲解 PPT。面对这些纷繁复杂的事情，我们到底应该怎么做，到底应该秉持怎样的原则、拥有怎样的能力，才能妥善处理呢?

要应对以上情况，我们至少要具备以下 6 种能力。

（1）评估：拥有评估需求能不能做及评估其合理性的能力。

（2）排序：拥有确定需求什么时候做的能力，掌握 MVP 原则和优先级原理。

（3）取舍：拥有取舍的能力，做好方案和需求的妥协权衡。

（4）创新：拥有打破流程、颠覆场景的创新能力。

（5）洞察：拥有洞察产品背后的产业和利益链条的能力。

（6）理性：能够根据事实和逻辑确定方向，而不是依据个人喜好和经验。

下面我将通过3个常见的问题案例，来跟大家谈谈这几个能力的使用场景和逻辑。

问题案例 1：你这样做工作量太大了，建议砍掉这个需求，减少工作量

在日常工作中，我们常常会听到开发人员发出这样的声音。其实仔细想想，这句话可能表达了如下两个意图。

（1）我觉得这个需求不合理，我不想做。

（2）我觉得这个需求合理，但性价比很低，我应该先做别的。

即暗藏了如下两个问题。

（1）这个需求做不做？

（2）这个需求什么时候做？

首先，我们应该评估这个需求的合理性，即做不做的问题。做不做的问题完全取决于产品定义和产品形态，这个时候要把所有的可能性都囊括进来。比如，在讨论语音搜索功能是否要进行音量检测反馈时，我们的答案是肯定的，所以我们把这个需求记到需求列表里面。但如果有人提出反对意见呢？比如，有人提议“这个需求太边缘了，先不做了，要不赶不上要求的上线日期了”，这个时候就容易把这个需求砍掉，或针对做不做的问题产生分歧。其实仔细想想，在讨论做不做的时候，有些人往往已经开始讨论什么时候做的相关话题，这样就造成了信息沟通不对称的问题，造成了不必要的浪费。

其次，我们要评估什么时候做的问题，即确定优先级的问题。在讨论优先级时，主要看的是方案，而不是怀疑这个需求的合理性。在这个阶段，我们要运用 MVP 原则，把各个功能，从最核心的到最外围的一一梳理清楚，再进行取舍。比如，领导预期产品上线的时间是 2 月底，我们在已经完成合理性确认的基础上，根据 MVP 和优先级原则，对需求进行分期、排期。在这个阶段，主要由项目经理和产品经理对方案进行评估，力求使用最简洁、最合理的方案，达到最合适的需求效果。

MVP 是《精益创业》里提到的一种思想，它是以最小成本撬动核心商业价值的一种手段。比如，对社交软件来说，最基本的功能是建立社交圈子和聊天界面，其他社区功能不属于 MVP 范围。

使用 MVP 的目的是更快接触市场、更快触达客户。如果做常规产品，从用户研究到设计到开发再到发布，整个过程是无比漫长的。但以 MVP 进行小样调研，可以快速进入市场、接触客户并得到反馈。接下来，可以通过反馈不断修改原型，并进行不断迭代开发，这样就极大地减少了试错的成本，提高了成功率。

一个好的 MVP 一定能够满足核心用户群体的核心需求。虽然用户很多，众口难调，但实际上我们可以通过不断的 MVP 迭代，得到更多市场反馈，从而设计一款合理的产品。

通过上述探讨，我们发现我们的目标更清晰了。有时候，沟通的瓶颈在于我们一次想说的东西太多，考虑的方向太多。从数学或物理的角度来讲，分散角度会让力量减弱。所以，分步骤是一个好的思想，不管是在沟通、评审时，还是在交互设计环节，它都很有用。

好的沟通不仅要有好的表达，还要建立在明确的逻辑梳理之上。

问题案例 2：我们要把 PC 端功能搬到移动端，因为以后都用移动端了

业务方或B端用户往往会比较容易讲出这种话，这句话其实暗含了如下两层意思。

（1）移动端是比 PC 端更新的计算平台，我们做新不做旧。

（2）移动端的移动性是 PC 端不具备的，我们要在这个更方便的平台上做。

所以，用户其实是想表达如下两个意图。

（1）我要的是便捷性。

（2）我要的不是功能的迁移，而是创新。

提到便捷性，就不得不提到场景，即需求是否有便捷性场景的要求、便捷性对于产品的功能是否有显著的提高，如远程签到打卡功能。但是，便捷性意味着展示信息的缺失，如手机屏幕的尺寸对于报表、复杂表单的展示依旧是捉襟见肘的。所以，要在场景的基础上，评估是否值得用完整性来换取便捷性，这是需求评估的关键问题。

对于创新，我要讲一个很深刻的话题。其实大部分产品经理做的事情都是效率的提升，而不是创新。比如，物流行业的验证码、二维码扫描功能，其实是输入单号环节的一种优化，属于既定流程的效率提升。而区块链仓库是对于流程和原理的颠覆，这才是一种创新。

所以，对产品经理来讲，提升效率是我们安身立命的最低要求，创新则是我们不能放弃的追求。如果放弃了创新思维，我们的工作就会越做越无聊，看不到希望；我们的思想会固化，我们会懒惰地去思考事情，而不是以高瞻远瞩的眼光去思考有没有能跳出流程之外的创新做法。

总而言之，创新是优秀产品诞生的基因。我们要感谢那些具有创新思维的产品经理，因为他们的不断创新，我们才能有机会使用微信语音，以及更小巧的物联网对讲机。

问题案例 3：这个产品不盈利，就不是好产品

这一观点其实不难理解，开发产品看似是为了获取某种利益，但获取利益不一定就是盈利。这个时候需要我们跳出产品本身的概念，思考清楚整体的利益链条。比如，你看到某功能活跃度较高，但其实这可能是利益相关影响下的结果。

一个产品背后可能存在千千万万个利益相关者，某些利益链条是产品存在的根本，有了这些根本，产品才有存在和创新的可能。

所以，当你想创新或优化时，不妨先看看产品背后的利益逻辑，看看你的优化点是否触碰了这些；当你推进不顺时，可以想想自己是否遇到了一些困难。

作为产品经理，我们要靠对利益链条的洞察来为自己划出边界，而不是靠感性去改变世界。我们不是要做对的事，而是要做所有存在可能性的事情里最对的那件事。

原型、功能构建是指导思想确定之后的技术活。技术活是我们能力之外的保障，我们通过技术获得可能性，而最终能走到哪里，就要看我们的方向和能力了。所以，我们要深挖世界隐藏的规律，走向更深的产品境界。

3.3 避免懒惰

3.3.1 懒惰让你看不到你该做的事

很多人都可以做产品经理。安排一个做事麻利的行政人员来做梳理和沟通工作，也能让一个产品顺利上线，但这个产品的完成质量往往很差。这是由于产品经理岗位的门槛不高，越来越多没有基础职业技能、没有行业认知的新人涌入这一行业，导致产品经理的水平参差不齐。

一个产品的失败，产品经理要负主要责任。因为产品经理作为一个资源的支配者、一个团队的协调者、一个方向的把控者，应该承担相应的责任。

那么，到底是什么因素决定了产品经理的能力呢？同一个项目交给不同的产品经理，为什么会产生不一样的效果呢？

其实，上述问题的答案用一句话就能概括：懒惰让你的工作毫无深度可言，让你忽略了你该做的事。最直接的后果就是需求挖掘、需求落地缺乏深度，从而影响整个团队的水平。

3.3.2 别让你的需求毫无深度可言

那么，怎么做才能让需求有深度呢？我们可以从两个方面努力。

1. 需求挖掘的深度

在接到需求或发现需求时，你是否急于落地并形成文档呢？对于同一个客户反馈的信息，不同的产品经理会有不同的判断。

比如，《乘风破浪》里的徐正太选择囤 BB 机，而马化腾选择学习计算机。同样的通信需求，有的产品经理选择使用 BB 机解决，而优秀的产品经理选择使用即时通信解决。其中的差别其实就是对需求的理解是否透彻，这正是我们首先要考虑的事情。很多产品经理往往不能明白需求挖掘的重要性。

需求挖掘不透彻会影响产品经理的工作量。对产品经理来说，需求是有周期和节奏的，不是立马就能上线的。如果你用尽全力去做一个生命周期很短的需求，最后的结果只能是下面这样。

（1）欠债越来越多。

（2）工作量越来越大。

（3）越来越怀疑自己的能力和人生。

出现上述情况，究其根本就是没有深度挖掘每一个需求。所以，深挖需求是产品经理应坚持的原则之一。

2. 需求落地的深度

一个经过透彻分析的、优质的需求，在落地时往往会因为技术瓶颈而导致其实现效果大打折扣。尽量减少这部分的损失也是产品经理本职工作的一部分。在我面试的产品经理中，有很多人都是因为不能把事情推进到底而被拒绝。当产品经理提交一个项目给技术人员时，是完全放权还是定期追踪？是交了文档就万事大吉，还是确保需求落地？这个很重要。

其实需求落地阶段的实战经验非常重要，产品经理最关键的能力都是在落地阶段的实践中慢慢获得的。产品经理只有深入一线，才能体会到什么样的需求文档更实用、什么样的沟通方式更高效。

所以，我通常建议初级产品经理要专注于项目，不要认为项目满足不了他们成长的需求。

3.4 突破瓶颈期的态度

即使走在正确的方向和道路上，我们还是会遇到瓶颈。处于瓶颈期的我们会觉得自己在一段时间内毫无收获，导致整个人的心态出现问题。这个时候，我们就需要做出改变，力求让工作效率变得越来越高。那么，如何让工作效率越来越高呢？下面为大家推荐几个行之有效的方法。

- 通过记录及数据分析发现问题。
- 通过不断分析定位问题的本源。
- 设立优先级，制定改进措施。

简而言之，就是发现、定位、解决问题。比如，有一位产品经理 A，有一段时间工作不太如意，不管每天做了什么，好像都没有完完全全把想做的事情做好。他讨厌被各种会议和电话打断，对和同事的矛盾感到烦恼，只能靠手机娱乐来放松心情，最后发现自己浑浑噩噩地度过了一天，计划中应该完成的文档、应该读的书，都没有做好，导致心情更加焦虑。

这种状态其实是很多产品经理在瓶颈期的常态。很多人认为，一些琐碎的事情不符合他们的价值观，浪费了他们的时间，使他们不能完成正常的工作，这样的想法是完全错误的。要想完成正常的工作，必须先攻克这个难关，要透过表象，找到真正的问题所在。否则，就会陷入恶性循环，甚至会怀疑自己是否适合做产品经理。

那么，该如何发现问题呢？我的建议是让数据说话。只有数据才能给我们最真实的结论。

我们可以通过量化工作来获取数据，做法如下。

（1）记录自己被打断的情况：自己是什么时候被打断的，又是什么时候恢复的，是被什么事情打断的？

（2）记录每天最有价值的工作：这些工作是在什么时间段做的，做了多久？

（3）记录每天最大的问题：这个问题发生在什么时候，处于需求的哪个阶段？

还以 A 为例，他做了如下记录。

（1）每天经常在上午被电话打断，每次被打断的时间为 5 分钟左右，打断原因是工作沟通需要，属于不可抗力。

（2）每天最有价值的工作一般是在下午 4 点左右完成的，上午大部分时间用来处理之前遗留的高优先级问题，确保大家都能各司其职。在下午刚开始时，要开会解决一些上午没有解决的问题。

（3）当天最大的问题是需要处理的事项太多，导致切换成本过高，把时间都浪费在了切换上。

根据这份记录，A 针对性地采取了以下几种方法。

（1）上午主动进行工作沟通，多进行当面沟通，少进行电话沟通，所有沟通事项尽量在上午处理完。

（2）上午没处理完的工作，可以另约时间召开会议解决。如果当天下午有重要安排，没有时间召开会议，可以将会议推迟到第二天上午。

（3）把所有手头的工作进行优先级划分，每天最少给自己安排两个完整的 1 小时处理这些工作，不被打断。

除了这几种方法，我还总结了一些能让工作突破瓶颈的技巧。其实，所有的优化方法都是建立在这些技巧之上的。虽然工作的场景是错综复杂的，但只要掌握好技巧，总会有所收获。我将这些技巧总结为 3 点。

（1）以主动掌控工作为目标。在工作中，最让人焦头烂额、最打乱计划、最费精力的，就是那些你没有准备、令你很被动的事情。经常“救火”，会让一个人陷入焦虑。虽然解决这类问题的方法有很多，但最根本的方法还是化被动为主动。比如，我们可以从重要但不紧急的事情入手，着重处理这类事情，这样就不会让自己陷入被动。

（2）努力增加团队互动。在平台之内工作，最难受的就是感觉自己成了一座孤岛。因此，我们要学会在团队中交换能量。当你遇到挫折时，可以找遇到同样挫折的同事聊聊，你们不但可以一起想办法，还能收获一段友谊。在平台之外要学会自我成长，在平台之内要学会做事、交朋友。

（3）力争保留缓冲时间。在能力限度范围内，一定不要第一时间处理所有的事情。做任何事情都要留有缓冲的余地，这样我们才能走向主动。如果无论什么事情都第一时间冲上去，要么是你对事情理解还不透彻，要么是你工作太闲。

如果你正处在瓶颈中，不妨尝试一下这 3 点技巧，我相信你一定能从中收获一份从容。

3.5 突破瓶颈期的做法

上文说过，产品经理做事要更加深入、思考要更加透彻。可能有很多人认为这样做会增加工作量，花费更多时间，根本行不通。

我们要明确一个浅显的道理：如果你的时间不允许你把需求做到最好，那么时间就成了你的瓶颈，此时你需要提高效率，甚至需要通过招募新人加入团队来解决这个问题。

当时间问题解决后，换言之，在时间充足的情况下，我们要讨论如何分配时间。

现在，我们思考一个问题：假设经过了一年，产品经理 A 做了 100 个需求，产品经理 B 做了 10 个需求，那么请问 A 和 B 谁更优秀？

我想对产品经理来说，答案是没有争议的，就是“不确定”。

也许 A 的工作量和花费的工作时间远大于 B，但是这并不能说明 A 做得更好。因为我们评价需求的价值，并不是以需求完成的数量或产品经理的工作量为标准的。

假如 A 所完成的 100 个需求，都因为初期产品定位有偏差而导致了后期的修补工作，这反倒证明了其工作的低效。所以，抛开价值谈工作量，是完全不合理的。

因此，我们真正要重视的是工作优先级的选择和工作效率的提升。下面我将从 3 个角度来讲解这个问题。

3.5.1 跟最好的方案去比成本

产品经理的工作其实不是寻找解决问题的方案。问题的解决方案往往有很多个，但如果被选中的方案不是最优的，就意味着资源的浪费和价值的衰减。产品经理是一个做选择的职业，不管你如何选择，都会产生相应的结果。

所以说，究竟是取得较好的结果还是取得最好的结果往往取决于我们的追求高度和思考深度，我们要跟最好的方案去比成本。因此，我们需要好好反思两个问题。

（1）我们当前看到的高效率，很可能是假象，后续的优化成本或重做成本，我们并没有看到。

产品经理的工作周期是很长的，一个项目可能只需两个月就能上线，但是可能在项目上线半年甚至更长时间以后，我们才能判断出这次方案的选择是否正确，并根据结果制定相应对策。所以说，如果在每次选择方案时，你都敷衍了事，得过且过，那么你会在未来的工作中渐渐陷入被动。换言之，如果你的工作效率很高，项目进展神速，你也要警惕自己是不是某些工作还没有做到位，当前工作是在创造价值还是在挖坑。

（2）如果觉得时间不够用，尝试审视一下自己的工作重点和时间分配。

要明确我们的工作重点到底是完成文档还是完善产品功能；我们的工作时间有多少用在画图和写文档上，又有多少用在思考和选择上。其实，产品经理从初级到高级的过程，是执行责任减少、选择责任增加的过程。也就是说，我们要慢慢将工作和学习的重点从磨炼基本功转移到加深思考深度。因此，我们要永远以较高的标准要求自己，不能被时间和进度追着走；要深思熟虑，看清楚哪些是坑，哪些是路。

3.5.2 同理心存在于各个方面

产品经理一定要有同理心。关于同理心，我有以下 3 点深刻体会。

1. 普遍体现在和研发、设计团队的沟通中

这一点其实不需要赘述，产品经理一定要理解合作伙伴的立场。在互相理解的情况下，沟通会更顺畅，分歧也会更少。简而言之，在做事前，要先拿出好的态度。

2. 关键体现在对用户行为和需求的体会中

这一点很多人都能体会到，那就是“一秒变小白”“一秒变黑用户”的能力。只有拥有这种能力，我们才能更好地理解用户，找到流程中的优化点。

3. 深度体现在多方会议和对接中

这一点是最容易被忽视的，也是最考验产品经理的能力的。比如，在涉及跨部门协作时，大家常常会进行多轮次的沟通，互相争论、互相妥协，最后做出来的产品成了一个“四不像”。大家都有想做好产品的愿望，最后却没有得到好的结果。那么，问题的根源在哪里呢？其实仅仅自己有同理心是不够的，还需要整个团队都具有同理心，这样大家才不会把热情浪费在怀疑和不理解上。

3.5.3 找到最终的答案和解释

工作 3 年左右的产品经理容易产生这样的想法：我已经熟练掌握了产品经理的各项技能，我一定比不懂产品的新人做得好。在工作中，我们会经常看到这样的场景：当一名新手产品经理用心调研需求，并将业务诉求讲得很透彻时，他的领导却说：“我

们是产品专家，这些需求根本就不合理。”后者站在平台立场上否定需求，殊不知自己忽略了很多在业务上真的有价值的东西。

我们要明确我们的最终目的并不是开发出一款产品——产品只是工具，我们的最终目的实际上是以一款产品作为工具来满足需求，这才是产品的价值，这个价值才是产品经理寻求的最终答案。

但是，我们有时很难看到手中产品的全部价值，甚至很难解释其全部价值。此时，我们一定要保持一种时时探索的心态，这种心态主要体现为以下两个方面。

（1）不满足于目前找到的答案。

（2）当我们找不到答案时，不要强行解释。

当我们找到一个答案时，不要贸然地全盘吸收，而要去验证，探索答案的边界，否则容易陷入工作成果难以落地的境地。

当我们找不到答案时，不要强行解释，否则会误入歧途。比如，在评价 BAT 的产品时，很多产品经理把这些产品商业模式的成功简单地归结为产品形态的优秀，这并不合理。如果总是把复杂的问题简单化处理，我们的视角会越来越窄。

陷入瓶颈期的产品经理，不妨思考一下以上问题。陷入瓶颈期往往意味着我们原来的思维方法和工作模式已不再适用，换言之，我们需要从新的视角进行更深层次的提升，从而迎来新的成长。

3.6 优秀的使用工具的能力

产品经理有“内功”和“招式”。“内功”是产品经理的能力和思想；“招式”是产品经理在实战中使用的套路和方法。产品经理使用的工具就像他的“武器”，将“武器”和“招式”相结合，可以产生更大的威力。

要想具备优秀的使用工具的能力，需要做到以下两点。

（1）选择合适而高效的工具。

（2）将工具融入工作流。

3.6.1 什么是合适而高效的工具

在选择工具时要考虑两个维度，即合适和高效。合适是指这个工具对你有足够的用处、对你的工作有切实的帮助；高效是指这个工具的学习和使用成本不高。这两个维度共同决定了这个工具的价值，即越合适，有用性越高；越高效，成本越低。换言之，合适而高效的工具，应当是性价比最高的工具。

何为“合适”的工具？举例说明如下。

> 对后台产品经理来说，草图绘图软件不是高频使用的工具，也不是工作流程中的主力工具，因此不必投入大量的时间和精力去学习。而流程图绘制工具（如 Visio）常被用于梳理流程，则是后台产品经理应重点学习和掌握的工具。

何为“高效”的工具？举例说明如下。

> 很多初级产品经理都醉心于研究静态原型软件的函数等功能，以期望制作高保真原型。但在实际工作中，我们往往没有那么多操作时间，这就意味着我们并不需要花太多时间去提高静态原型软件的操作熟练度，也不需要坚持使用一个不适合自己的工具，我们完全可以用快速 DEMO 软件来代替原型软件。

这种例子数不胜数。比如，一些产品经理特意参加培训班，专门学习代码爬虫知识，但他们没有考虑学习成本的问题，导致最后半途而废。性价比决定了工具的价值，如果我们不需要进行特殊的爬虫数据操作，那么市面上大部分封装好的爬虫数据产品已经足够满足我们的需求了，在这种情况下，直接使用现成的爬虫数据产品才是最合理的选择。

3.6.2 如何将工具融入工作流

想要让工具在实际工作中落地，首先要让工具融入工作流。如果一个工具和自己的实际工作格格不入，那么不管这个工具再有价值、再优秀，它都是不适合自己的。

那么，我们该如何将工具融入工作流?

产品经理的工作内容一般包括任务管理、流程图设计、原型设计、DEMO 制作、文档制作。

下面我以“任务管理”为例，通过我的实战经历来解答这个问题。

具有任务管理功能的工具有很多，如 Trello 偏重于项目管理和写作功能、奇妙清单偏重于待办功能、Agenda 偏重于笔记和日程功能。这些工具有些是免费的，有些是付费的，这就导致了产品的使用体验和使用成本的不同。

2017 年，我的工作主要围绕邮件展开。我需要对很多通过邮件沟通的事项进行跟踪，因此需要一个任务管理软件来帮我实现记录和提醒的功能，这就需要该软件具备事项记录、变更记录、日期记录、提醒等功能。经过比较，我选择了免费版的某任务管理软件。

在使用一段时间后，我发现该任务管理软件虽然具有不错的功能，但并不适合我。因为我需要把很多邮件中的待办事项复制到该任务管理软件中，这就意味着我需要多做一部分工作，以保证邮件中的待办事项和待办清单中的事项保持同步。

这项同步工作给我带来了很大的麻烦，如果我不能及时地把邮件中待办事项的进展情况更新到该任务管理软件中，就会导致信息的遗漏，这会增加工作的处理成本。

最后，我弃用了该任务管理软件，直接通过 Outlook 邮件的旗帜、颜色功能来记录工作，这使我的工作变得更加高效。

我们在选择工具时要坚持一个很重要的原则：如无必要，不要新增流程、任务、工具等。这也提醒我们，在做任何工作时，都不要本末倒置。

3.7 如何做 GTD

GTD 是一种管理时间的方法，大部分产品经理都知道这个方法。

但是，我发现很多产品经理没有真正理解 GTD，他们尝试使用 GTD，却都失败了。经过研究，我总结了一套关于 GTD 的方法论，希望能给大家一些启发。产品经理岗位本身是一个协调资源的岗位，而产品经理本人就好比项目的船长、舵手，因此学会掌控自己的时间，是产品经理的一项本职工作。

3.7.1 GTD 详解及案例

1. GTD 核心理论

GTD 核心理论认为：大脑相当于内存，是有存储限度的。在生活中，我们通常会处理很多日常琐事，这些琐事会占满大脑内存，导致我们要么遗忘待办事项，要么关注太多事情而无法投入当前工作。大脑是用来思考的，不是用来记录的，我们需要找到一款合适的记录工具。合适的记录工具能够帮助我们把“记忆”和“思考”分开，这样我们就能既不遗忘待办事项，又能专注于当前的事情。

2. GTD 解读

GTD 这个名称本身就暗含了它的作用，即“不要拖延”。对于 GTD，我们需注意以下几点。

（1）GTD 的适用人群：日常琐事较多、拖延、焦虑、有一定执行力但常常无计可施的人。

（2）GTD 的目的：让人放下杂念，专心做事，而非无脑做事。

（3）GTD 的原理：清空大脑内存。大脑内存被琐事占满会使我们感到焦虑，GTD 有针对性地解决了这个痛点，明确“大脑是用来思考的，不是用来记录的”。

（4）GTD 的功能：ToDoList 功能、分类归档功能、搜索功能、提醒功能。纸、笔可以实现记录和辅助的功能，但大部分核心功能还是要通过软件实现。

3. GTD 实战

GTD 的操作步骤包括收集、整理、组织、回顾、执行。

（1）收集：这里需要引入 Inbox 的概念，即把你想到的 Stuff 统统丢入 Box 中，进入 Box 的 Stuff 就是 Inbox。这里的 Stuff 要具体，包括时间、对接人、备注等信息。

（2）整理：将收集阶段 Inbox 的内容进行整理，先分出可行动的事项，再找出参考资料，接着找出待完成的事项，最后将其他内容归为垃圾信息。对于可行动的事项，先将 2 分钟内能完成的事项解决，再将剩下的事项放入组织阶段。

（3）组织：将之前划分好的事项分到 3 个列表内，“行动”列表是马上要做的事情清单，“指派”列表是等待他人处理的事情清单，“未来”列表是设置提醒的事情清单。将 3 个列表排好优先级。

（4）回顾：整理完 Inbox 内容后，要整体回顾一下，做好计划和检查，写下感想。

（5）执行：强制自己去做行动清单里的事情，一旦开始可以暂停，但不能取消。

4．注意

我在调研时发现很多人使用 GTD 失败都是因为没有做好记录工作。在这里，我要提醒大家注意，记录必须包含相应元素且记录工作必须细化。在此，我为大家列举了 4 个注意事项。

（1）记录要具体：“今天学英语”应记录为“今天早晨 10 点钟用 10 分钟时间背 10 个生词”。

（2）要符合“2 分钟”原则：“马上回邮件”这类任务不应该被记录，而应该直接执行。

（3）在记录跟进事宜时，要明确相关责任人：“请设计师给出设计稿”应记录为“请设计师小李在本周内给出设计稿”。

（4）要精确记录未来的事情清单：“10 月 1 日去厦门旅游”应记录为“9 月 1 日订好房间，9 月 15 日买好火车票”。

3.7.2 GTD 与复盘

GTD 除了可以帮助我们厘清工作、缓解焦虑，还可以帮助我们进行复盘。那么，我们该如何借助 GTD 完成复盘呢？我们可以将需求变更的内容记录在一个列表里，就像“需求演化线”一样。具体步骤如下。

（1）首先，我们需要记录需求变更的提出人、原因、时间点等因素。

（2）然后，通过 Need 号进行检索，厘清需求的演变过程。

（3）接着，我们就可以看清实际情况和最初的原方案之间的差距，评估一下二者优劣，决定是做删减版还是完完全全呈现最初的原方案。

（4）最后，再整体进行复盘，分析过程和结果，得出宝贵经验。

好的 GTD 执行是全面细节复盘的基础。复盘是为了帮助我们练习“望远镜”的能力，也可以保证我们在之后的需求之路上明确初心，维护好产品经理的操守和底线。好的 GTD 执行可以为复盘插上翅膀，让各个关键节点畅通无阻。

3.7.3 总结

GTD 的确是一个很复杂的概念，而且在执行的过程中有很多要求和注意事项。但是，如果可以正确执行 GTD，一定会给我们带来很大的提升。如果看到这里你还有疑问的话，我再列举一些常见问题及答案供大家参考。

（1）GTD 是 ToDolist 吗？

ToDoList 是 GTD 的待办部分。GTD 是一套方法，而 ToDoList 是一个工具。

（2）GTD 会使我们的记忆力下降吗？

GTD 的目的是清空大脑内存，并借助工具来实现记录功能，所以不会对人的记忆力产生负面影响。

（3）GTD 为什么不能与 Trello 配合使用？

Trello 是一款优秀的日程管理软件，但 GTD 的核心优势在于对事项进行足够的细分，而 Trello 的卡片并不适合这么细的粒度使用，所以 GTD 更适合与待办软件配合使用，而不适合与日程管理软件配合使用。

GTD 的本质是用一定的时间给我们的大脑换一个小秘书，因此希望大家敢于尝试使用 GTD，找到自己的 GTD 执行之道，从而获得提升。

3.8 情绪管理

产品经理是一个核心岗位，这就意味着产品经理要充当团队协作工作的中转站和黏合剂，比其他岗位要做更多的沟通工作，但也更容易陷入摩擦。

摩擦过多，沟通不畅，久而久之，就会消耗我们的精力。此时，如果不妥善处理，问题就会变成压力，导致我们的情绪出现问题，使我们感到力不从心，从而影响工作效率。

所以，做好情绪管理，是保障产品经理工作效率的关键，值得我们用心研究。

要想做好情绪管理，首先要让自己冷静下来，急躁只会让情况变得更糟。下面我将具体阐述情绪管理的 3 个步骤。

3.8.1 认清情绪

在产品经理的工作中，因沟通而产生的负面情绪，主要是愤怒和羞耻。

（1）愤怒的情绪，需要我们用理智去平复。通常来讲，愤怒是无能的表现，我们要找到那些让自己感觉无能为力的问题，专门解决它们，从根本上战胜愤怒。

（2）羞耻的情绪，需要我们进行自我心理建设来应对。如果你不小心做错了什么事情，你在反思的同时，要告诉自己来日方长、知耻后勇。能够感受到羞耻，说明你的上进心是没问题的，这一点是值得高兴的。

愤怒和羞耻还会衍生出其他复杂情绪，如沮丧、失望等。处理这些负面情绪的第一步，就是要分辨它们。

我们可以通过和自己对话的方式来直面自己的情绪，抛开一切压力，告诉自己：有负面情绪、被负面情绪影响等都是正常的事情，能够准确认清情绪，就是解决问题的良好开始。

3.8.2 尝试方法

接下来，我们要找到适合自己的、能够调节情绪的办法。我建议的方法是：本质思考、及时解决、事后奖励。

比如，当我们与其他部门协作时，难免会遇到对方不配合的情况，这很容易让我们感到愤怒。这时，我们应该思考自己到底为什么愤怒。

既然我们愤怒的原因是对方“不配合”，那么可以从“不配合”这个问题进行深入分析，找到真正触动我们负面情绪的本质因素。通常来说，对方不配合的原因很可能是我们给予对方的报酬不够。

接着，我们应该进一步思考为什么不能给对方足够的报酬。原因通常是上级领导给的资源不够。所以，最终的解决方案就是向上级领导汇报：若想继续推进项目，必须加大资源投入。

从对方“不配合”，思考到“报酬不够”，再思考到“加大资源投入”，这就是逐步进行本质思考的过程。

在思考完成后，通常我们已经有了解决问题的方向或大体方案，此时应尽快行动，力求及时解决。

及时解决可以避免负面情绪发酵，产生更大影响。所以，我们要尽快联系事件关键人物，向他阐述自己的方案（方式不限，请对方吃一次饭或在微信中问候一下对方），不要让这个负面情绪存在太久。脑海中的负面情绪就像内存里的垃圾信息，越早清理，我们就越轻松。

此外，我们还可以采用事后奖励的方式帮助自己更快地解决问题。具体做法是：和自己约定，如果能及时解决问题，可以奖励自己做喜欢的事情。

本质思考，可以抓住问题重点，避免自己陷入盲目；及时解决，可以减少负面情绪的影响，让自己尽快恢复正常状态；事后奖励，可以帮助自己冷静下来，更快地解决问题。

3.8.3 沉淀

沉淀就是总结经验，避免下次因为类似的情况而产生负面情绪。

首先要复盘，在这次负面情绪产生的过程中，自己有哪些缺陷？是沟通过于急躁，还是哪方面能力不足，还是错判了对方的立场？

在想通这些之后，可以记录下来，下次遇到类似的情况，就能节省情绪管理的成本。

沉淀下来的经验，会变成我们的同理心。沉淀过后，我们会发现自己理解他人的能力更强了，剖析自己的能力也更强了，整个心态变得更加包容了。

拥有同理心是产品经理必备的一种能力。从本质上讲，同理心是理解他人，而情绪管理是理解自己。情绪管理和同理心互相促进，极大地提升了产品经理的工作效率。

每位产品经理在职业生涯中都会面对不同立场的伙伴，处理纷繁复杂的问题，这就要求我们应该用心练习情绪管理，培养自己的同理心。只有这样，我们才能在职业的海洋中稳稳航行。

3.9 产品经理的职业规划与晋升

很多职场人的能力很强，但由于没有做好规划，导致职位晋升受阻。于是，我们看到很多职场人逐渐陷入“油腻”，他们不再花费精力提升能力，而是花费大量精力“混关系”。这是非常不可取的行为。

对产品经理来说，衡量其价值的核心指标是他能否做出好的工作成绩，也就是他解决了什么问题、创造了什么新价值。

对公司领导者来说，他真正需要的是那些能做出好的工作成绩的产品经理。

所以，能做出好的工作成绩，才是产品经理的核心竞争力。通常来说，好的工作成绩会带来好的职场关系，而职场关系差往往是由于工作成绩差造成的。因此，我们要严格盯住工作成绩这个指标，不断创造更大的价值。

那么，该如何做出好的工作成绩呢？我建议大家将工作拆解为其他可量化的指标，然后逐步实现。

工作成绩受很多因素影响，包括资源、通道、位置。下面我将详细分析这三要素。

（1）资源：你能获得的资源数量，常常决定了你能做出多大成绩。

在职场中，资源往往是上级提供的。也就是说，职场不是一个人的舞台，如果得不到上级的支持，你的工作是没法做好的。一个好的想法要落地为成熟的产品，必须有足够的资源投入，即要有上级的支持。

而上级能提供多少资源，同样取决于两个因素，即上级本身有多少资源、上级想分多少资源给你。

这两个因素共同决定了你能获得的资源数量。因此，对产品经理来说，想获得更多资源，必须选对上级，并且在团队中找到自己的位置。

（2）通道：你所做的事情有多少能被别人知道并得到认可。

你要确认自己向上沟通的渠道是打通的。

当你选择业务线时，要分辨哪些是受上级重视的业务线，哪些是边缘化的业务线。前者肯定更有发展潜力。

（3）位置：你所处的位置能影响多大范围的业务。

一般来说，C 端产品和商业化的 B 端产品都是比较好的项目，而企业内部产品的价值稍低一点。那是因为能实现商业化的产品都是经过市场检验的，且整个产品团队的价值观是以利益为导向的。因此，在这种环境中历练出来的产品经理，能力是很强的。

对于内部产品，因为话语权一般由业务部门主导，以业务为先，因此产品经理的职能更偏重于执行层面，能力不易显露。但内部产品的产品经理也有其优势，即他们离业务更近、更接地气。

从发展的角度考虑，产品经理应该选择更适合自己的位置或未来发展更好的位置，这样才能创造更大的价值。而且一个好的位置一定是在一条好的业务线内，产品形态也是足够优秀且完整的。

总而言之，职场发展就像航海，仅靠蛮力是不能到达彼岸的，还需要好的灯塔指引、好的航海资源和正确的方向，即选对上级，获得好的资源，这个资源是你创造价值的基础；拥有一个好的通道，能让你的价值被更多人看到；拥有一个好的位置，能让你提升价值、更快成长。

这三要素不仅能帮助产品经理进入职场发展轨道，而且如果大家面临选择职业、选择岗位、选择“带头大哥”的时刻，不妨从这三要素入手，以便获得满意的答案。

3.10 如何判断自己是否走在正确的道路上

我们是否走在正确的道路上、是否在前进、是否在稳步地提升？这是很多产品经理内心的疑问。他们有时会感到迷茫，对自己未来的发展方向感到困惑。

那么，该如何判断自己是否走在正确的道路上呢？我有一些经验，供大家参考。

大多数新入职的产品经理都会经历一段亢奋期。在这个时期，我们会接触很多新鲜东西，兴趣很容易被激发，对工作充满了热情。但是，这种亢奋并不是常态，通常在 1～3 个月后，我们的热情会渐渐褪去，工作状态会趋于平稳。因为人在亢奋期的感受是超常的，不能用亢奋期的标准来判断自己工作状态的好坏，所以一切评估要从我们进入工作常态期开始。

在进入工作常态期后，我们对自己负责的领域渐渐熟悉，人际关系也渐入佳境，随后，我们会慢慢进入甜蜜期。在这个时期，我们工作游刃有余，学到了很多东西，感觉很轻松。但接下来，我们往往就要走下坡路了，后续可能还会面对业务变动、资源调整等诸多变数。这个时期就是瓶颈期，此时我们要做好心理准备，避免措手不及。

渡过瓶颈期的方法是：和业内高手多交流，迅速找到瓶颈并突破瓶颈。

3.10.1 找到瓶颈

找到瓶颈的关键就是和业内高手多交流。

比如，当你熟悉了自己负责的产品模块后，不妨站在全局的角度，对产品提出一些建议，并与上级（业内高手）进行讨论。当你能够拿出完整的方案时，说明你已经完成了深入思考，在这种情况下，你的上级是不会责怪你的，他反而会有的放矢地针对方案与你进行讨论。通过与上级的沟通，你可以获得更高层面的视角，从而发现自己的瓶颈。

找到自己的瓶颈后，你的心态会更加平和，工作状态也会越来越好。

3.10.2 突破瓶颈

突破瓶颈的关键就是做自己不习惯做的、尝试自己没尝试过的事情。

比如，你可以重新审视一下自己的工作，跳出本职工作的圈子，看看自己的位置属于整个公司的哪条业务线、哪块业务板块，再看看自己的工作在行业内处于什么地位。

假设你是做电商交易产品的，你的本职工作是研究交易模块的用户体验，那么除了做这项工作，你还可以再分析一下交易数据，从而找到交易和商品之间的关系，并逐步推导，获得一些财务方面的信息。对这些信息加以分析，你就能推导出公司的发展情况。

在了解公司发展情况后，让视角回到自己的岗位上，你就会有新的看法。你会对自己的职业前景有更深的认识，之后再调整自己的职业规划。

总而言之，在职业道路上，我们要不断地螺旋式成长、不断地突破瓶颈。在迷茫时要找到瓶颈，接着突破瓶颈并进行调整，只有这样做才能确保自己走在正确的道路上。

在职场这个“效率为王”的竞技场中，我们不能故步自封，只有想人所想，予人所需，才能收获更好的自我。

3.11 产品经理的工作选择

3.11.1 为什么要谈这个

很多人在收到职位邀请时，无法选择是去大公司工作还是去小公司工作。还有人在面试小公司的产品经理岗位时，戴着有色眼镜，给其打上不正规、“野路子”的标签。

其实你大可不必纠结于求职公司规模的大小，你应该关注这家公司为你提供的主要岗位是否为产品经理岗位、这个行业是否适合你。

在本节我要跟大家谈谈，出身大公司的产品经理和出身小公司的产品经理到底有哪些区别，希望可以为大家提供参考。

我有幸同时体会过这两种产品经理的不同风格，而且我的身边也有很多不同出身的同事。基于此，我想从以下 3 个方面来阐述自己的观点。

（1）有什么差别。

（2）有没有例外。

（3）有什么建议。

3.11.2 有什么差别

经过对自身的剖析和对身边同事的观察，我总结了出身大公司的产品经理和出身小公司的产品经理的 3 点差别。

1. 遇到困难时的选择

一般来讲，出身大公司的产品经理的专业性要强于出身小公司的产品经理。打个比方，出身大公司的产品经理就好像一个猎人，在面对猎物时仔细斟酌要不要射出这一箭，射出之后还要看看捕获了多少猎物，以判定获得了多少收益，回去还要写一份报告给长官以说明情况。相比而言，出身小公司的产品经理更加灵活，十八般武艺样样精通，以非常麻利的身手活跃在一线战场。

我现在所在的公司就有两位优秀产品经理，一位来自大公司，另一位来自小公司。出身大公司的产品经理精于流程、办事细致，沟通协作能力强，做事滴水不漏；出身小公司的产品经理做事麻利，往往可以给我惊喜，但有时行事莽撞，易犯错误。在我看来，他们没有高下之分，但对于那些跨团队协作、跨公司对外沟通的事情，我往往会对出身大公司的产品经理更加放心，因为我想要的不是惊喜，而是不犯错误。

所以，出身小公司的产品经理更像一把锋利的双刃剑。在小团队紧张的工作中，或在不正规的管理体制下，他们养成了狼性团队的特质。他们不畏困难、冲锋在一线。当遇到沟通不畅的情况时，他们往往选择相信自己，独立扛下任务。而出身大公司的产品经理往往关注复杂的人际关系和流程，在遇到阻力时会更加谨慎，不会选择单干。

2. 专业价值观的取舍

据我多年的经验判断，那些喜欢钻研代码、算法知识的产品经理，往往有过小公司的工作经历。因为他们见过小公司里那些兵来将挡、以一当十的霸气全才，往往更倾向于提高自己各个方面的能力水平，使自己成为独当一面的产品经理。出身大公司的产品经理都是来自各个领域的专业人才，更注重通力合作。他们认为自己的专业知识是最重要的，对于其他方面的知识，如果不是特别感兴趣，他们往往选择了解即可。

出身大公司的产品经理就像一个 SQL 数据库，一字一句地查询和删改都需要通过格式化的命令和权限才能完成；出身小公司的产品经理就像一个 Excel 表格，在灵活的数据分析和处理方面很有优势，但大量的数据处理工作往往会让他们捉襟见肘。

3. 产品能力上的差别

对于这一点，两种产品经理都不具有绝对的优劣。

出身大公司的产品经理在优先级的评判和战略角度的思考方面优于出身小公司的产品经理的概率会比较大，因为他们往往有更多试错的机会、有更多资源配置的权利，而大量级需求的处理能够帮助他们快速积累经验。

出身小公司的产品经理具有更丰富的专业技巧，尤其在产品属性的雕琢和要求方面，往往要好于出身大公司的产品经理，因为小公司在资源上往往存在劣势，这就意味着他们生产出的产品必须是撒手锏级别的。

3.11.3 有没有例外

在这里，我着重强调一点，大公司、小公司并不是永久性的标签，而是产品经理人生中的某一段经历，能带给他们更多的成长，让他们明确自己的方向。客观地讲，大公司的经历往往有利于产品经理的稳定性的培养，市面上 80%的产品经理岗位，对于稳定性的要求都是极高的。同时，大公司的经历有利于产品经理与同事、领导搞好关系，而小公司的经历往往有助于提高产品经理的能力上限，他们经历了那么多生死攸关的时刻，真真切切交了学费，迭代了产品，获得了成长。

所以，我希望大家都能有机会去体会这两种团队文化。不排除有一些优秀的大公司喜欢搞内部的团队竞赛，这也是非常优秀的企业文化，在这种大公司里，产品经理既可以享受大公司的资源，又能在内部竞争中尽力搏杀，这样的经历往往更有价值。

3.11.4 有什么建议

那么，如果有两个机会摆在面前，作为一名产品经理，你该如何选择呢？

在前景不明朗的情况下，我建议你先去大公司。大公司的经历可以让你更容易进入小公司，反之却不一定能成功。出身小公司的产品经理之所以可以进入大公司当团队领导，往往是因为小公司做得成功而被大公司收购。

需要注意的是，小公司的经历会让产品经理对大公司的流程不加重视，如果不能转变这种态度，就会错失很多学习的机会。而产品经理从大公司转到小公司后，往往可以把“象牙塔”的知识运用到实践中，使自己获得更高的提升。

当然，如果你能看出这家小公司十分优秀，前景光明，那么不要犹豫，直接去吧！毕竟大公司都是由优秀的小公司发展而来的，这种机会是可遇而不可求的。

3.12 产品经理面试

产品经理在面试中要掌握一定的应对技巧，否则，再优秀的产品经理也未必能在面试中脱颖而出。在这里，我总结了一些面试的技巧，希望可以对大家有所帮助。

3.12.1 产品经理面试杂谈

我们在求职时肯定会经历各种面试，那么该如何通过面试呢？

一般来讲，影响面试结果的因素很多，如下面这几个案例。

（1）某公司准备在年后对岗位进行调整，于是小 A 决定放弃年终奖，在年前投了简历。他在面试中发挥得中规中矩，因为几乎没有竞争对手而面试成功。而小 B 是在年后才投身竞争激烈的求职大军中的，结果因为岗位有限而被拒绝。

（2）小 C 不善于表达自己，他在面试中表现得紧张、害羞，结果导致面试失败。小 C 觉得这家公司的面试官不识人才，双方对彼此的评价都不太好。

（3）小 D 因为过于自信，在面试时问了很多“自己人”的问题，如“我入职后您安排我做什么”等，使面试变得十分尴尬，面试官思考再三最后拒绝了他。

综上所述，影响面试的因素有主观原因、情感因素、客观条件、运气等，而其中有些因素会造成面试直接失败。接下来，我将这些因素汇总，总结出面试的三大雷区，希望能为大家提供一些参考。

3.12.2 面试的三大雷区

1. 紧张

紧张是我们在面试时最容易产生的情绪，而大部分人的紧张往往并非来自不自信。比如，学生时代的我们即使复习得再好，在考前还是会感到紧张和焦虑，在答题时还是会担心自己做错。所以，紧张是一种正常的情绪。

但在面试时，我们应尽量克服紧张的情绪。因为面试不同于考试，考试是有高下之分的，但面试的关键往往不在于分数的高低，而在于你的能力是否与面试的岗位相匹配，二者的意义完全不同。

换言之，收到职位邀请的那个人不一定是能力最强的，但往往是最合适的人选。因此，在面试时无须紧张，应尽情表达自我。因为面试是对你所展示的信息与岗位匹配程度的验证，而不是对你能力的评价。

2. 表达混乱

在面试时，我们应尽情表达自我，但这并不意味着我们可以毫无章法地表达。通常表达混乱的情况可以分为以下两种。

（1）情绪混乱。

在面试时情绪混乱通常是因为没有用心或情商不高，自己想表达的情绪没有表达出来。比如，面试官先跟你开了个“破冰”的玩笑，之后问了你一个严肃的问题，而你依然保持开玩笑的态度，不认真回答，这会使面试官产生以下想法。

第一，这个人情商不高，不能领会我说话的意图。

第二，这个人不够认真，对于这份工作不是很用心。

注意，察言观色和控场是在面试时交流沟通的前提。情绪氛围就像 App 的交互视觉，在面试时要管理好情绪，让信息流通顺畅、准确。

（2）内容混乱。

内容混乱就是在面试时对答的内容散乱，对问题的思考没有框架。

在面试时表达缺乏逻辑，这是很致命的。因为面试官在面对一个陌生的求职者时，一开始肯定要做最坏的打算，给出最低的评价。面试官要从求职者的下限开始慢慢提高对他的评价，而不是看求职者的上限有多高、点子有多精。

所以，我们在面试前要准备一套思考的框架，只要按照这个框架来对答，就不会遗漏和偏离面试重点。

比如，与产品相关的面试问题，不外乎：用户是谁、用户在什么场景下解决了哪些问题、哪个问题是最主要的、这个问题解决得好不好、产品的痛点和亮点是什么、产品未来趋势如何等。把这些问题思考一遍，就可以得到一个饱满的答案框架。

表达的逻辑性，就像图像化的文字，可以达到“一图抵千言”的效果。

3. 掩盖失败

在分析完表达的逻辑性问题之后，接下来我们要探讨的是表达高度的问题。这个问题往往受限于求职者的经验。比如，有小团队创业失败经历的求职者在面试时可能有些不自信，往往有意掩盖自己的失败经历。但我认为，即使是优秀的产品经理，也会有很多失败的经历，如果面试官不能正确看待求职者的失败经历，那么他也不能算合格的产品人。

所以，我们要以积极的心态去面对失败和挫折。其实面试官在意的不是求职者经历过什么，而是求职者在面对困境时的做法：你有没有总结失败的经验和教训，从而使自己得到提升。

3.12.3 修炼心态

通常来说，除非面试官极为看重求职者的专业能力，否则他在招聘时更关心的是求职者能否与公司现有团队的其他成员合得来。对公司来说，虽然新员工的能力稍有不足，但只要他能与其他同事相处融洽、沟通良好，他就能更好地在团队中发挥自己的力量；反之，如果他与其他同事相处不佳，必然会影响团队的工作效率。

所以，在面试时，无论是求职者还是面试官，都应该抓住这个机会进行沟通，相互了解，以此作为合作关系的初体验和尝试。

总而言之，我们在面试时应真实地展现自己的个性，放松心态，轻松地完成面试，把握住这个难得的机会。

3.13 如何做一名受欢迎的产品经理

产品经理是一个需要个人魅力、号召力、气场的岗位。我们都很羡慕那些在台上挥洒自如地讲解 PPT 的产品经理，那些和研发、设计人员打成一片的产品经理，那些得到大家尊重和信任的产品经理。那么，我们要怎么做才能成为一名受欢迎的产品经理呢？

著名产品经理俞军老师曾提出这样一个结论：产品经理和各个团队的关系是需要用心维护的。比如，在你刚入职时，大家可能对你的第一印象还可以，都给你打 60 分。以后每当你做出一个好的决策、提出一个好的沟通方案时，大家会给你加 1 分；反过来，每当你做错一件事时，大家会给你扣 10 分。如果你放任分数下降，慢慢地，你就会在公司无法立足，那么你作为一名产品经理其实是失败的。

所以一定要弄清楚哪些事是对的、哪些事是错的，哪些事能给我们加分，哪些事会让我们与其他团队的关系直接降到冰点。

下面我将以案例的形式为大家讲解。

3.13.1 尊重设计师

有些人看了本节标题后可能会说："我很尊重设计师啊！我经常给他买礼物，对他笑脸相迎。"但这其实解决不了核心问题，即你能不能让设计师在自己的领域里有足够的话语权。

比如，我曾经历过这样一件事：有一次，设计师做了一个无分割设计，我当时还是新人，误认为设计师是在偷懒。于是，在前端人员切图的时候，我直接在内容上加上了灰色的分割条，之后被设计师发现了。为了避免尴尬，他没有跟我挑明这个问题。

之后还发生了另一件事情。当时，我要做一个项目视觉方案，并需要向领导汇报，而设计师给我的方案是一个看起来不太标准的设计，所以我当场跟他讲："你这个方案在领导那肯定是不会通过的，还是不要提交了，不然到时候还要重新改。"

于是，设计师跟我讲了下面这些道理，让我豁然开朗。

（1）你不要急着否定我的设计方案。这个设计方案是我按照你给的信息并结合我的专业提出的，如果它达不到你的设计要求或你有其他顾虑，你可以跟我沟通，我可以改稿。

（2）如果这个方案在领导那里过不了，我可以再做一版，但是如果它没有偏离你的要求，我是一定要保留的，因为这是我的专业成果。

（3）你作为产品经理，应该跟我一起研究方案，了解这个方案的好坏，并将它传达给领导，争取让我们一起完成这个产品，共同享受产品上线的成就感。

（4）如果你随口否定我的方案，不想把我的方案提交上去，那么恐怕未来我们提出的任何方案都无法通过，因为我们连问题出在哪里都不知道。

他的这番话让我感到羞愧难当。跟他道歉之后，我总结了两点与设计师相处的原则。

（1）为他提供足够的信息，让他知道自己在做什么。

（2）不要质疑他的专业性，给他发挥的空间。

3.13.2 帮研发人员放松

研发人员经常因为产品的问题导致工作状态紧张。在工作中，他们通常会遇到下面的情况。

（1）产品方案一改再改。

（2）做出来的产品没人使用，后续无法进行迭代优化。

（3）提出的问题解决方案不合理。

在这些情况下，研发人员是很难对你笑脸相迎的。因为他们不仅要在代码层面联合测试人员一起努力以交付给你一个成品，还要费心思跟你谈方案，因此很多研发人员都会陷入烦躁的情绪中。

通常，运营人员会给研发人员施加很大的压力，要求某些功能必须上线。但是，运营人员往往只是针对某个功能点展开突破，而不是从全局的角度进行考虑，如果产品经理总是跟运营人员站在一起，就会导致研发人员很被动，每次都被催着急急忙忙上线一些功能。而一旦出了问题，研发人员还要承担相应的责任。

那么，产品经理要如何做呢？我建议产品经理还是跟研发人员统一战线，为他们准备好折中方案、安排好事情的优先级，让他们知道用户想要的是什么，先做什么、后做什么，为什么这样安排。同时，用长远的规划代替紧急的需求，让他们清楚未来的工作安排和走向，帮助他们缓解紧张的情绪。

以这样的方式相处，研发人员就会渐渐地放松下来，因为他们知道产品经理已经为他们挡掉一些需求、做一些处理工作了，他们只需要安心写代码，无条件信任对方就可以了。

帮助你的研发人员放松，让其成为你的坚实后盾。

3.13.3 沟通而不是闭门造车

为什么很多公司在招聘时，都要求求职者具有跨团队协作沟通的能力？因为对产品经理来讲，多一个团队就意味着多一倍的沟通量。这个道理其实很简单，如果是内部团队，大家每天早上一起开站会、沟通进展，自然其乐融融；如果是外部团队，若需要关联排期，那么每天进展不同步很容易导致测试不匹配、工期延误、效果不理想。

所以，越复杂的项目，越需要更多的沟通。沟通不畅会导致出现各种问题，要么造成延期，要么造成需求方的不满意。需求方的不满意反馈到合作团队，会导致各方的猜疑和不安。

产品经理就像交警一样，不但要懂道路指挥，还要懂交通调度，要站在街上，看清楚一个个问题点，并对这些问题点进行疏通。因此，产品经理要具有落地的能力，要从全局的角度观察哪一辆车应该倒车、哪一辆车应该等待，而不是赖在工位上闭门造车。

所以，好的产品经理不需要高颜值、不需要好听的声音、不需要多才多艺，而是需要站好自己的位置，拿出好的态度对待合作伙伴。能做到以上这些，你也可以成为一名人见人爱的产品经理。

3.14 高效沟通原则

3.14.1 沟通的重要性

产品经理不是单打独斗的岗位，我们听说过很多关于一个程序员建成一个网站的故事，但从没听说过一个产品经理独自做成某个项目的先例。

产品经理对产品负责是建立在团队的基础上的，而团队的和谐又是难以量化的，所以很多人忽略了团队的重要性。因此，我们今天要强调团队配合和沟通的重要性。

一个高效、和谐的团队，永远是产品能够长久运营的先决条件。团队中的隔阂越多，信息不对称的情况就越多，在做产品的过程中的风险也就会越多。因此，沟通是产品经理应该解决的首要问题。

3.14.2 四字真言

关于沟通，我总结了四字真言。

（1）准：准确，沟通应令项目被准确地理解。

（2）情：情商，捍卫他人的立场，懂得共情。

（3）德：美德，控制情绪，远离雷区，避免伤害。

（4）智：智慧，措辞令人愉悦，词能达意，让人如沐春风。

沟通能力是一个人情商、智商、思维模式、道德品质的综合体现，需要我们从各个方面去修炼，任何一个短板都会成为我们沟通的弱点，导致我们的沟通受限。

1. 准确地理解

很多时候，我们启动项目往往流于形式，仅仅开一个启动会，交给开发人员一个需求文档，就结束了。殊不知，很多事项是团队需要准确知道的，但可能因为种种原因没有被充分沟通。

需求沟通分为以下 3 个层级。

（1）需求资料。

准确地了解需求相关的基本信息和资料，这一点是对产品经理的基本要求。大部分产品经理都能做到。

（2）来龙去脉。

在沟通需求时，我们需要讲清楚关联方是谁、产品的利害关系是怎样的，这样可以使团队其他成员对需求有一个全局化的准确认识，让各方共同参与，避免需求沟通流于形式。

（3）收益价值。

作为工作的参与者，我们必须明确自己的时间花在一件什么样的事上，只有这样才能对得起自己付出的劳动和心血。

每一次的需求沟通，都意味着有人要为此付出努力，而所有付出努力的人都应该知道需求的价值。

2. 捍卫他人的立场

捍卫他人的立场是沟通的核心。只有弄清楚每个人最担心的是什么，打消他们的疑惑，才能获得更多信任。

产品经理在工作中可能只有50%的精力用在了产品方案的输出上，剩下的50%的精力则用在了开会沟通、方案PK及跟进决策上。而设计人员和开发人员几乎将80%的精力都用在了输出作品上，所以对他们来讲，给他们一个好的输出环境是最重要的事。

开发人员最不喜欢的就是改变需求，因为这意味着他们的工作白做了；设计人员最不喜欢的就是不知道对方要的是什么，因为这会导致他们每次的修改都是无的放矢。

总之，捍卫他人的立场，他人才会愿意与你长久合作。

3. 远离雷区

沟通是有雷区的，触碰雷区会使沟通的通道关闭。在沟通时，我们通常需要注意以下 3 点。

（1）互不质疑专业性。

正所谓用人不疑，疑人不用。如果你放不下怀疑的心，就请另请高明，否则请绝对信任你的合作伙伴。这样，即使你们之间确实存在问题，大家也不会把精力浪费在猜疑上。不要质疑开发人员的方案和工作量，只向他们提出疑问并知会进度即可。就像你不希望开发人员质疑你的需求一样。关系是需要长期维护的，每一次的质疑都会造成关系的倒退。

（2）给予对方充分的空间。

产品经理要给予开发人员和设计人员充分的空间。他们需要负责代码重写、重构及维护工作，不一定事无巨细都要向你汇报，因此你应给他们一定的空间，不要刚开完需求会就催促他们确定行事历。

（3）平等、开放的氛围。

营造平等、开放的氛围，让团队成员修改需求，听取团队成员的意见和建议，这才是产品经理进步的动力。如果每次都独断专行，哪怕你有勇气承受结果，也不一定逃得过团队成员的埋怨。

一个人完成的需求，多多少少都有瑕疵。因此，我们要勤于沟通，只有这样才能不断成长。

亮点是在多种思维的碰撞中产生的，越是多方参与的产品，越有可能拥有更多的亮点。

4．措辞令人愉悦

以上的一切，都会落地为你最后说出口的那句话。

- 当你描述自己的领域和需求时，一定要肯定且坚决，这是你努力工作的证明。
- 当你对他人的结论产生疑问时，不能一味地加以否定，这是一种无知的表现。
- 你可以赞扬他人，但是请不要加上主观的评判，这会给人一种地位不平等的感觉。
- 永远不要替他人做决定，陈说利弊即可，不可冒犯他人的领域。

以上是我的沟通方法论，希望能够对大家有所帮助。

3.14.3 完美的团队

很多人都梦想进入一个与自己个性契合、完美无缺的团队，我也见过很多完美的团队：成员之间亲如一家、个性相投，不管是上班还是下班都可以打成一片。

我承认个性相投的团队可以减少沟通中的矛盾，但并非每个人都能幸运地找到一个包容自己的团队。

作为专业的职场人，我们要明白，个性相投只是锦上添花，一个真正有前景的团队应该是一个可以使每个人抛开一切、尽情投入工作的团队。

综上所述，完美的团队在沟通方面一定做得很完美。沟通不畅的团队，不会是一个完美的团队。所以，作为产品经理，我们更应该主动承担起团队沟通的职责，营造良好的氛围，让团队中的每个人都能发挥出自己的力量，让团队在我们的黏合下全力奔跑。

第 4 章

高效自我提升

产品经理想保持持续、高效的自我提升，想不断走在时代的前沿，一定要掌握高效的自我提升方法。

自我提升主要通过不断的学习和实践来实现，在这个过程中，我们还需要不断地总结经验。

从大量样本来看，学习资料的优先级顺序大致如下。

（1）一手的项目经验。

（2）他人的项目经验。

（3）专业书籍。

（4）经典文章。

（5）碎片化的文章和思考。

学习方法也分高下。研究显示：

（1）听讲的学习效率不如阅读的学习效率高。

（2）阅读的学习效率不如多媒体视听的学习效率高。

（3）多媒体视听的学习效率不如现场示范演示的学习效率高。

（4）现场示范演示的学习效率不如进行交流和团体讨论的学习效率高。

（5）进行交流和团体讨论的学习效率不如落地实践的学习效率高。

（6）落地实践的学习效率不如马上应用并教给他人的学习效率高。

所以，对知识的学习要达到可以马上应用并教给他人的程度。带着这个目标，接下来，我们探讨一下如何高效学习并持续提升自我。

4.1 产品经理必须面对的重要问题

4.1.1 我们的精力倾注在职责中了吗

许多产品经理都喜欢研究 UI 和代码，但请不要陷在其中。除了定义产品和把控需求，我们还需要了解更多必要的知识，这可以帮助我们的工作更顺利。但顺利工作不是最重要的，把控方向才是。

“术业有专攻”的道理大家都懂，可是“专攻”的成本很高。如果你追求高超的技术水平和设计能力，那么请你全身心地投入其中；如果你是产品经理，那么请你在单项技能上投入更多的精力。

产品经理的黄金时期很短，所以请分清主次，人无我有，人有我优，做好职业规划。

4.1.2 我们的产品吸引目标用户的关注了吗

能否获得目标用户的关注永远是产品成功与否的关键。互联网产品的生存之道就是首先占领垂直领域，然后再实现扩张。获得目标用户的关注是占领垂直领域的重要一步，也是日后扩张的基础。

比如，如今支付宝的功能越来越多、越来越复杂，这看似偏离了其最初目标用户的需求，实则不然。只要它仍保留其核心的支付功能，只要它仍在支付领域拥有核心地位，它就不会失去自己的目标用户。因此，支付宝可以在这个优势下进行很多尝试。

还有很多类似的情况。比如，一个公众号只要保证其内容的沉淀和价值，获得目标用户的认可，那么即使它适当发布广告也是无伤大雅的。

4.1.3 我们的产品在竞品中处于什么地位

在完成竞品分析后，还要看一下我们的产品所处的位置。我们要根据竞品分析得出的结论和自身的战略，预测在未来一年里，我们的产品的地位是有所上升还是有所下降；如果是下降，我们该如何转型等问题。

我曾亲身经历过一个案例。某团队的一位产品经理在经过竞品分析后，得出了某 App 没有竞争力的结论，然而一个月后，这个 App 被改版升级，开始高速发展，而该团队对此一无所知，最终被这个 App 抢走了 80%的用户。

竞品分析报告只做一次即可，但是竞品分析是一直要做的事，产品经理一定要记住这一点。

4.1.4 我们的同事对产品的想法

我们应经常和同事交流，这里的“同事”包括合作伙伴、领导及下属。

- 和合作伙伴交流，是为了确定双方的利益点是否一致，是否能够为彼此付出。
- 和领导交流，是为了确定我们努力做出来的需求是否能够得到支持。
- 和下属交流，是为了确保他们完全领会了我们的意图。

此外，整个产品团队都要对产品有统一的认识。因对产品缺乏统一的认识而导致团队出现问题的案例比比皆是，如很多大公司推出的产品最终失败，不是因为外部市场的竞争，而是因为团队内部不合理的分工导致团队产生了隔阂。

因此，要经常和同事交流，了解团队成员对产品的想法。

4.1.5 我们的产品值多少钱

请大家扪心自问：如果我们是一个创业团队，我们的产品可以估值多少；我们的产品有没有站在风口附近；我们的产品可以带来多少转化，又可以带来多少广告，能够产生怎样的品牌效应；我们的产品抢占了多少市场份额，而我们的目标又是多少？

通常来说，产品经理身上背负的考核指标往往是产品指标或用户体验。但我们一定不能只关注这些，而应和其他岗位的同事（如财务人员、数据分析人员、运营人员）聊聊他们掌握的数据，这样才能了解这款产品的商业价值。只有意识到产品的商业价值，其使用价值和用户体验才有意义。

4.1.6 我们给了用户多少参与度

好的产品团队都有自己的种子体验用户或体验师，他们是产品经理培养共情能力和试错的重要助力。越早让目标用户参与进来，就能越早减少试错的成本。如果我们的产品不适合过早曝光，那么也可以在各个需求方案出台时，让用户在第一时间给出意见。在产品上线后，我们也要随时搜集用户的反馈信息，针对用户提出的问题做好准备。

用户是产品的试金石，产品不能脱离用户。

4.1.7 我们有根据数据改进现有产品吗

改进产品不只是增加功能，完善的产品体系是有重做和下线机制的。对于现有产品的改进，要让数据说话。

以企业最关心的销售转化流程为例。假设 90%的用户都进入了购买环节，但只有 10%的用户完成了付款。在这种情况下，转化能力才是这个流程的短板。因此，我们对产品的改进，就不能是增加功能以吸引更多的用户进入购买环节，而是根据数据改进产品的转化环节。

4.1.8 我们的产品是否满足了用户的情感需求

产品应该满足用户的情感需求，这一点很重要，但很多产品经理都忽视了这一点。他们的产品“不修边幅”、不考虑用户体验，他们设计产品以功能优先，认为产品能用就行。长此以往，必然会导致以下两种情况。

（1）失去用户的信任，进而难以得到用户的反馈。

（2）无法与用户建立情感纽带，用户的忠诚度极低。

比如，当其他竞争对手都在努力研究硬件时，苹果公司清醒地认识到硬件是为软件服务的。所以，在硬件不占优势的情况下，苹果公司开发出了一流的操作系统。苹果公司还知道软件是为用户体验服务的，而用户体验是为用户情感服务的。所以，苹果公司始终致力于维护用户情感，培养了一大批忠实的粉丝，并通过情感纽带建立了良性且完整的闭环。这是所有互联网企业要学习的地方。

因此，比起具有功能优势的产品，具有情感体验优势的产品更容易赢得用户的青睐。良好的用户情感设计会为我们的产品提供更多帮助。

4.2 高效输入与知识管理

大部分人在阅读书籍时都采用粗略浏览的方式，其实这仅仅是在做信息筛选的工作，并不是一种高效的学习方式。要想实现高效学习，必须选择优质的输入资源、使用高效的学习方法、进行系统的知识管理。

我常用的工具和工作流如下。

（1）在季度初期，根据该阶段的工作目标要求，提高该阶段所需要的能力。

（2）根据工作目标选择要阅读的书籍，我推荐大家使用豆瓣阅读等线上学习方式。

（3）将日常看到的、对相关文章的思考记录在 Agenda 中。

（4）对于其他相关知识的收集管理工作，可以使用印象笔记完成。

4.2.1 提高当前阶段所需要的能力

比如，年初，我的任务是对全年工作进行规划，所以我需要在 4 月份之前确定全年规划的推进节奏和最终方案，并向领导汇报。

因此，在这个阶段，我需要提高自己在产品规划方面的能力和语言表达能力。我会选择《金字塔原理》《结构思考力》《精益创业》等书籍。

通过阅读这些书籍，我提升了产品规划方面的能力和语言表达能力，这让我在汇报时表现出了很好的状态。

4.2.2 书籍阅读使用豆瓣阅读

豆瓣阅读有一个特殊的功能，即标注功能。做标注是很好的阅读方式，它可以帮助我们在阅读中思考，从而达到带着问题去阅读的目的。

我们可以在精彩的地方、有感触的地方做好标注并写下自己的感受，标注后再将其直接批量导出，生成图片或直接记录为电子文档，形成读书笔记。

4.2.3 思考记录使用 Agenda

Agenda 的免费版可以作为一个轻量级的笔记任务管理工具。当你阅读非书籍类的内容，如报告和资讯时，你可以以篇为单位写感想。

当对文章内容有想法但想法未成型时，我会直接记录为一个 Agenda 项目，标注优先级和待研究的时间期限，方便制订研究计划并进行总结。

不要放过任何一个想法，因为它可能就是你灵感的来源、成长的机会。

4.2.4 知识管理使用印象笔记

印象笔记的记录功能和检索功能非常方便，只要辅以标签，就可以形成自己的知识图谱，方便查阅。

而且印象笔记可以把每个笔记按照标签归类，当遇到相关知识问题时，我们可以很方便地进行查阅。

总之，印象笔记的强大功能会带给我们很好的体验感。

4.3 高效输出：总结

输出总结是有周期性的，我们以前得到的关于某个问题的最佳解释或结论，往往会随着时间的推移而失效。因此，我们在不同的时期看同一个问题，往往会得出不同的结论。

比如，如果让你在 2017 年年初对共享单车这个产品做总结，你可能觉得共享单车前途无量。但到了 2018 年，很多共享单车企业都遭遇了寒冬，有些甚至倒闭了。这时候你的结论肯定不一样。

所以，输出总结也要考虑输出周期，但这并不意味着周期越长越好。周期过长会导致信息丢失、思考停滞。周期设置较短，虽然得出的结论有可能是片面的，但可以快速迭代。

比如，我几乎每天都做短周期总结。每次看到好的产品体验、新颖的产品形式、独特的产品视角，我都会使用 Agenda 进行记录。在记录之后，我会进行简单的梳理总结并发布到社交媒体上，听取大家的评判和建议，从而让自己获得提升。

我的长周期总结基本上是以月为周期的。每个月我会把近期发生的事情进行整体梳理，审视自己对项目的认知是否有变化，是否找到了某些问题的答案。然后，我会把总结的内容发布到产品平台和论坛上，与其他同行分享交流。

找到适合自己的节奏，既不让输出工作给自己带来太大的压力，又能使自己的输出成果得到验证并获得成就感，就是最好的状态。

4.4 做好年终总结

4.4.1 年终总结的定义

在年底时，产品经理除了有条不紊地跟进日常工作，还需要提交自己的本年度工作总结和明年的工作计划，我们统称为年终总结。

从时间管理的角度来讲，年终总结属于典型的不紧急但重要的事情，也是需要我们用心花时间去做的，因为它决定了我们职业生涯的发展方向。

很多人认为只需要努力提升自己的能力、做好自己的项目、评判好自己的得失就可以了，不需要做总结和告诉别人。诚然，专注于自我提升是一种良好的工作态度，但如果你想在这家公司里长期工作并获得晋升，我建议你还是好好把年终总结工作做好。

就像留存分析的模型一样，我们的工作看起来也是一个漏斗模型，从下往上看依次为：第四层是我们前期所做的大量的准备工作；第三层是经过去伪存真后我们所做的实际工作；第二层是我们对工作的总结和汇报；第一层是我们的工作报酬。年终总结作为汇报工作的一项重要内容，是产品经理必须用心准备的一次考试。

那么，该如何做好年终总结呢？既然是产品经理，当然要把年终总结作为一个产品去完成。

4.4.2 年终总结的规划

1．目标用户

年终总结的目标用户一般是有审核权的领导。如果你是一个喜欢做总结的人，你大可以随意写一份给自己看，但如果是给领导看的年终总结，那就要从另一个角度去思考，因为领导关注的点与你完全不同。

2．用户画像

尝试对有审核权的领导做一个用户画像。

可以思考下领导对于我们的工作有哪些期许。其实领导会将 KPI 和任务拆分给每个团队的组长，再由组长安排给小组成员。领导在查看总结时，就好像一个巨人在给自己做身体检查，看看自己平时无暇顾及的部位是否健康如初、是否有所进步。

这就是我们给领导做的用户画像。

3．需求分析

领导在查看年终总结时，其实是有所比较的，他们会把每一个下属的优势、劣势、能力、工作成绩等进行比较。因此，为了给领导一个全方位的展示，我们的年终总结也应该从这几个方面来写。

4．产品定义

为了更好地完成年终总结，首先要进行年终总结的产品定义。通过年终总结，我们希望领导了解我们的产出，给予我们应得的奖励。从这个目的出发，我们需要把自己的工作按照优先级和重要程度全面地展现在年终总结中。具体可以按照以下框架来做。

第一部分，讲项目成绩。这部分主要描述领导布置的工作，以数据和结果为导向展示自己完成的业绩，同时分析自己的不足及明年的改进方向。

第二部分，讲非项目工作，即领导布置之外的工作，是你所产出的附加价值。比如，商务对接、资源整合、团队建设等都可以在这部分进行阐述，让领导眼前一亮。

第三部分，讲个人成长。这部分的内容主要是从自身角度出发，阐述自身的变化和得失，以及同整个团队的关系和思考，让领导看到你的潜力。

总而言之，年终总结的产品定义可以用一句话概括：从项目谈业绩、从影响谈价值、从成长谈潜力。

5. 内容设计

根据年终总结的产品定义，主要的框架已经梳理清楚了。接下来，我们需要在框架内填充足够的内容。为了准备完善的内容，需要把握以下几个原则。

第一，结论客观。通常，数据是表达客观情况的不二选择。对产品工作来说，相比于“极大提升用户体验”这样的描述，“用户 5 星好评率提升 2%”肯定是更加客观、准确的。所以，为保证结论客观，务必使用用语严谨、口径清晰、逻辑相关的准确数据。

第二，逻辑严谨。根据客观数据，得出明确的结论，不能含糊其词。比如，对于 KPI，达成就是达成，未达成就是未达成，结论是不能混淆的。但可以进一步分析原因，如未达成是因为市场环境的影响等。在逻辑严谨的基础上，可以从负面的结论中提炼出我们工作的亮点。

第三，主次得当。保证内容的全面性，并不意味着不分重点全部详述。如果主次不得当，年终总结的整体可读性会因篇幅过长而受影响。所以，我们应该用 80%的篇幅来描述重点项目、重点工作、重点成长。拿一页 PPT 来说，如果要描述全部的项目，那么重点项目的描述部分应占全页面的 2/3 以上。

6. 产品风格

对年终总结的风格也有要求，尽量不要使用过于喜庆的颜色。因为领导是带着审慎的心态去看年终总结的，一份干净、朴实的模板才是正解。同时，配色上要尽量选择冷色调，从而让领导耐心、不急不躁地看完你的展示。

年终总结的语言描述要简明清晰，可读性优先。毕竟一年的工作很多，需要进行浓缩，提炼出重点内容，让领导一目了然。

4.4.3 年终总结的步骤

1. 项目穷举

把你做过的、参与过的项目穷举出来，再根据优先级和参与度进行分类，优先级为主要维度，参与度为次要维度。这样做的原因是，大多数领导会重点关注主要的项目，如果你把次要的项目放在前面说，会给人一种你不能抓住工作重点的感觉。需要穷举的项目包括产品项目和非产品项目及外部项目。

2. 指标梳理

针对不同的项目，要采取不同的梳理方法。比如，对于性能体验优化项目，要抓住“载入时间”和“跳出率是否下降”等指标；对于新建功能项目，要抓住“使用率”和“月活”等指标。把每一个项目的指标分门别类梳理清楚，列成清单，再将这个清单交给数据分析师或根据这个清单自己写脚本，最终提取出原始数据。

3. 内容优化

把所有的项目按优先级进行排序，有些优先级低的项目可以适当进行删减。对于大型项目，篇幅可以多一些；对于那些没有通过的项目，可以放在关联内容部分一笔带过。要把工作细节梳理清楚，如每个项目的对接部门有哪些；项目的上线日期是哪天；项目实施过程中遇到了哪些问题、解决了哪些难题等，尽量把每项工作都交代清楚。

4. 落地

在写年终总结时，我们需要遵循以下几方面的原则。

（1）提前确定好所有项目的优先级顺序，要事先说。

（2）遵循 STAR 法则，以结果为导向。

（3）内容全面客观，不能“报喜不报忧”。

（4）在汇报时不能只提问题不给解决方案。如果你对解决方案拿不准，可以和领导事先沟通。

年终总结是职场很重要的一个环节，切勿随意发挥。对于那些不确定是否要写入汇报的内容，要事先和领导沟通好，避免引起误会。

第 5 章

产品人生

5.1 使用 SWOT 分析法进行自我分析迭代

5.1.1 最好的不一定最适合自己

近年来，随着互联网的热浪渐渐冷却，我们看到了很多真相：那些表面上拥有大量粉丝、备受资本青睐、拥有雄厚实力的知名企业，由于过于热衷追逐风口、过度依赖资本、产品运营不善等原因，开始走下坡路，甚至离场。

对产品经理来说，在如此震荡的大环境下，应具备怎样的能力才能让自己在行业中屹立不倒呢？

作为产品经理，我们应采取以下几种策略。

（1）明确自己的长处，知道我们能为各种各样的岗位需求提供什么帮助。

（2）了解行业大环境，即行业对我们有什么需求，哪些需求的价值最大。

（3）理性分析，不冒进、不投机。

那么，该如何了解自身、了解环境，并总结出我们的战略方针呢？在这里，我推荐大家使用 SWOT 分析法。

5.1.2 SWOT 分析法是产品经理适用的有效方法

SWOT 分析法又称态势分析法，是一种通过分析对象的内外部因素来得出战略结论的分析方法。SWOT 分析法是很好的分析模型，其核心理念是：首先对影响因素进行分类梳理，然后通过整体考虑得出结论。也就是说，我们要宏观地看供需双方的情况，从而明确我们的战略方针。

SWOT 分析法的思想和产品经理的思想是很契合的，这是因为产品经理做事是讲究目的的，为了达到这个目的，产品经理还需要具备以下 3 个能力。

（1）分析和洞察问题的能力。

（2）逻辑思维下的任务拆解能力。

（3）进行价值分析和优先级排序的能力。

SWOT 分析法同样包含了拆解、整合、评估的思想，它重点解决了以下 3 个问题。

（1）通过对内部的优势、劣势和外部的机会、威胁的列举，梳理问题的因素。

（2）通过对因素的整体考虑，得出行动计划，完成任务拆解。

（3）评估各个方案的效果和价值，安排优先级顺序。

产品经理如果能将 SWOT 分析法用在自身的规划中，一定会有很大的收获。下面我将通过案例讲解如何使用 SWOT 分析法分析产品经理的工作和规划。

5.1.3 SWOT 分析实战

SWOT 分析是有一定步骤的，切忌空泛，否则会导致方案很多却无法落地，分析成本过高。我们需要严格按照分析的步骤逐项拆解、去伪存真，分析出那些真正关键的因素，得到真正有价值的方案。

1. 确定分析边界

SWOT 分析法在本质上是一种分析和洞察问题的方法，而任何分析和洞察行为都是有边界的，超出这个边界，我们很难得出可落地的结论。

那么，该如何确定边界呢？首先要确定分析目标，然后从分析痛点入手。比如，一位刚入行的产品经理小 A 可能会有如下痛点。

（1）没有大公司经历，不知道如何规划工作及往哪个方向努力。

（2）提出的产品方案得不到认可，不知道如何生存下去。

（3）因为知识匮乏，所以经常焦虑，但又不知道该学哪方面的知识。

在帮小 A 梳理出痛点之后，可以对小 A 自身的价值观和痛点进行评估。我们可以先从职业发展战略规划这个方向来进行 SWOT 分析，那么我们分析的边界就是：现阶段的职业发展战略规划。

在确定了边界之后，就不要过多考虑边界之外的因素了，如副业、个人爱好、感情生活等。但和边界有关的因素可以纳入其中，如小 A 运营的社区可以带来跳槽的机会。

2. 梳理因素

在确定了边界之后，我们就可以开始梳理因素了，即优势（Strengths）、劣势（Weaknesses）、机会（Opportunities）、威胁（Threats）。在梳理时，我们要注意以下几个事项。

（1）优势和劣势是可以相互转化的，没必要界定得那么严格。如果有的劣势在近期有可能转化为优势，可以先将之写在优势里。总之，在最后进行优先级梳理的时候，我们会再次评估，这里只需要把可能性尽量囊括进来。

（2）优势和劣势是相对而言的，因此在评估时，我们不能完全凭主观臆断。比如，虽然你的设计水平不如设计师，但在产品团队里是数一数二的，那么设计水平也算你的一个优势。

（3）机会和威胁的发现都基于一定的阅历和眼界。在梳理机会和威胁这两个因素之前，一定要充分了解问题，否则是无法进行 SWOT 分析的。比如，在进行职业规划之前，你至少要把市面上与职业规划有关的书籍浏览一两本，再通过网络平台了解几个成功案例，然后再进行分析，否则你的分析就是不切实际、坐井观天的。

在处理完以上 3 个注意事项后，我们就可以开始穷举这 4 个因素了。在穷举时，要标上分值。标分值的目的是确保各个同类因素之间可以相互比较。这个分值将会成为我们后续排列优先级的依据。

在赋值时你可能会困惑，有些项不知道该赋值多少。在这里，我推荐大家使用比较赋值法。

假设小 A 的第一条优势为：产品后台设计能力。那么，给这一项赋值多少呢？我们可以先进行纵向评估，即小 A 的产品后台设计能力在全部产品经理中可以排进前百分之多少。假设能排进 80%，不妨赋值 8 分。而有些能力不好量化，因此我们可以将它和小 A 的其他优势进行比较，即横向评估。比如，小 A 的写作能力较强，我们可以将他的写作能力和产品后台设计能力相比较，看哪个更拿得出手。如果写作能力较弱，那么其写作能力可以赋值 7 分。以此类推，我们可以得到一个大概的分值表，如下表所示。

Swot分析	优势	分数（分）	劣势	分数（分）	机会	分数（分）	威胁	分数（分）
1	产品后台设计能力	8	项目管理能力	8	负责重点AI项目	9	和团队关系紧张	8
2	产品前端设计能力	7	沟通能力	7	独立负责C端App	8	业务压力大	7
3	写作能力	7	PPT能力	7	—	—	—	—

由表格可知：优势分数越高则越优，劣势分数越高则越劣，机会分数越高则价值越高，威胁分数越高则危机越大。

小 A 的优势如下。

（1）产品后台设计能力：8 分。

（2）产品前端设计能力、写作能力：7 分。

小 A 的劣势如下。

（1）项目管理能力：8 分。

（2）沟通能力、PPT 能力：7 分。

小 A 的机会如下。

（1）负责重点 AI 项目：9 分。

（2）独立负责 C 端 App：8 分。

小 A 的威胁如下。

（1）和团队关系紧张：8 分。

（2）业务压力大：7 分。

至此，梳理阶段就完成了，这意味着目前关于 SWOT 的 4 个关键因素已经梳理清楚。接下来，我们就要进入整合分析阶段了。

3. 整合分析

在进行整合分析时，要按照以下 4 个优先级顺序来做。

（1）优势+机会：这是重点需要努力和发扬的部分，是打造核心竞争力的机会。

（2）劣势+威胁：这是维持生存的部分，不做的话很可能功亏一篑。

（3）劣势+机会：这是可以在业余时间提高的部分，把劣势变成机会，创造更多核心竞争力。

（4）优势+威胁：这是短期内不需要考虑的部分，避免把精力浪费在错误的方向上。

通过整合分析，我们能够清楚什么必须做、什么应该做、什么可以在业余时间做、什么可以不做。

那么，具体做什么呢？接下来，我们就要进行具体分析了。具体分析就是把两个因素结合起来协同考虑，如下面的例子。

（1）产品后台设计能力（优势）+负责重点 AI 项目（机会），意味着下一步的工作重点是优化平台架构，兼容更多业务场景。

（2）沟通能力（劣势）+和团队关系紧张（威胁），意味着需要投入更多精力在沟通上，经常与团队成员进行交流。

（3）PPT 能力（劣势）+ 独立负责 C 端 App（机会），意味着可以通过提升 PPT 能力，提出产品改版的方案。

（4）写作能力（优势）+业务压力大（威胁），意味着不要沉迷于文档，要适当放松，调节好心态。

在整合分析之后，我们会得到很多方案，但这并不意味着我们要一一落实这些方案。因为方案的价值和收益有大有小，所以我们需要进入方案价值评估阶段。

4．价值评估

在对这些方案进行价值评估时，我们应遵循以下三大原则。

（1）合理性：这个方案在逻辑层面符合我们的分析。

（2）可行性：这个方案在分析周期内切实可行，并非空想。

（3）有价值：这个方案的价值足够大，值得一做。

根据二八原则，我们要选出最合理的、最可行的、最有价值的方案。这时，我们的赋值就可以派上用场了，如下面的例子。

（1）产品后台设计能力（优势）×负责重点 AI 项目（机会）=优化平台架构，即 8×9=72 分。

（2）产品前端设计能力（优势）×独立负责 C 端 App（机会）=App 视觉改版，即 7×8=56 分。

可见，“优化平台架构”和“App 视觉改版”都是现阶段切实可行的方案。相比之下，“优化平台架构”的价值要大于“App 视觉改版”的价值。所以，我们要先从优化平台架构入手。

在评估之后，我们会得出一个以价值为排序依据的方案执行池，我们可以将选出的方案放入执行池。这个执行池可能无比庞大，我们也许不确定这些方案是否可以全部执行，或者先做哪个、后做哪个。这时，我们就需要进行优先级排序了。

5．优先级排序

在优先级排序阶段，我们需要进行成本评估。

对产品经理来讲，最重要的就是既能创造价值，又能兼顾成本。只有对价值和成本进行考量，我们才能得出做事的优先级。具体来讲，我们可以通过评估成本和前置条件来确定这个方案在执行层面应该属于第几顺位。这里可以结合四象限法、番茄钟法和敏捷排期的思想来解决。

（1）四象限法：优先解决重要且紧急的事情，同时有计划地做重要但不紧急的事情，然后尽量把紧急但不重要的事情固化下来或指派给他人，最后远离那些不紧急且不重要的事情。

（2）番茄钟法：假设 1 天有 8 个工作小时，通常可以分为 16 个番茄钟，每个番茄钟包括 25 分钟的工作时间和 5 分钟的休息时间。

（3）敏捷排期的思想：通过拆解方案，保证每天都有一个最小稳定版本完成，这是我们的自信心和工作动力的保障。

首先我们要列出各个方案的价值和工作量情况，看看其是否超出了我们的周期总工作量。比如，如果要加强项目管理，可能需要每天开站会，也就是每天增加 1 个小时的工作量，即 2 个番茄。在总工作量超出的情况下，就要按照价值和紧急程度来砍掉一些方案。

我们假设分析周期是 1 个月，1 个月有 20 个工作日，每天有 8 个工作小时（即 16 个番茄钟），即共有 320 个番茄钟供我们排期使用。根据计算，所有方案加起来是 470 个番茄钟，显然是超出总工作量的。通过价值分析，我们砍掉了 150 个番茄钟的方案，剩下的方案以投产比为依据进行优先级排序。

之后，我们把排好的方案放入执行列表依次执行。在这里，建议大家把执行列表打印出来放在桌面上，将其作为一个可以持续提醒自己的战略指导方针。

6. 执行

在进入执行阶段后，我们需要有一定的精神力量作为助力。这些助力包括以下几个方面。

（1）仪式感。一般当番茄钟开始时，我会把手机调成静音，然后扣在桌面上，同时把桌面上杂乱的东西收起来，以警示自己即将开始做事了。这让我形成了非常好的行为心理反馈，提高了做事的效率。

（2）不要半途而废。当一个人在工作时，切换工作是非常浪费时间的行为。很多人的日常都是在“事情做一半、刷手机、重新理解前一半并做后一半”的循环中度过的。显然，把太多的时间浪费在工作的切换上是不合理的。我们需要以一个番茄钟为最小工作单位来安排工作，一旦开始某项工作，尽量在这个番茄钟内把事情做得完美，不能一遇困难就半途而废。

（3）灵活调整。在执行的过程中，可能会出现复杂的突发状况。比如，最近事情很多，30 分钟的番茄钟会导致我们响应不及时，所以不妨将之调整为 20 分钟，到不忙的时候再调整回来。另外，如果有重大政策变动导致我们无法执行这项工作，不妨进行一个简单的评估，把之前涉及这项工作的项目方案重新调整一下，一般来说不会有太大变动。

做好这 3 点就可以确保我们在执行中牢牢围绕 SWOT 的结论而不跑偏。无论什么样的分析方法，无论是高深的还是简单的，只有可执行并落地的才是有价值的。执行完一个周期后，我们需要进行一次复盘，问自己 3 个问题。

（1）这个周期的分析有没有偏差？

（2）这些方案的价值如何？

（3）这些方案在周期结束后有没有解决我们一开始分析的问题？

这样不断迭代下去，可以让我们拥有更强的执行力。

5.1.4　举一反三

SWOT 分析法不仅适用于上面这个场景，大到做职业规划、人生规划，小到做演讲、参加座谈会，都可以用 SWOT 分析法进行简单的分析，梳理方向。使用 SWOT 分析法解决相关问题的步骤如下。

（1）选择相应的分析范围，确定分析边界。

（2）分门别类梳理 SWOT 分析法中的各项因素，并标记紧急程度。

（3）整理思考方案，评估工作量。

（4）按照分析周期进行优先级排序和删减。

（5）坚决贯彻，灵活执行。

这个过程是一个不断定位问题、拆解问题、聚合方案、投入产出评估、落地执行的过程。至此，我的抛砖引玉就结束了。希望大家都能梳理清楚问题的本质，并不断迭代成长。

5.2 从 0 到 1 解读陌生赛道

本节我将以一位产品经理遇到的真实问题为例进行梳理，引导大家思考如何从 0 到 1 解读陌生赛道。

5.2.1 从一个点子聊起

从现在开始，忘掉你的身份、你的知识体系、你的惯用技巧，跟我一起往下看。

现在，你是一家名为“恋家”房产公司的产品经理，你所负责的产品是恋家房产下属经纪人的工作平台，这个平台主要用于公司运营和房产销售。比如，平台可以把客户的信息记录在“客户中心”里，然后根据经纪人和客户的接触程度，通过大数据给出一些经营建议；客户看过的房源也会在系统中有所标记，后台据此推送差不多的房源给经纪人和客户，供他们选择。

现在问题来了。

假设你所在的团队叫“创新产品组”，你的 KPI 是“每年运用最前沿的技术做出一款对业绩、效率有较大提升的产品或模块”。

你会怎么做?

首先，你要弄明白自己面临的问题到底是什么。

注意，你是创新产品组的产品经理，也就是说，你所做的东西一定要有探索性且足够创新。如果你只能做一些常规的工作，虽然也能做出一些成绩，但在逻辑上你是在跟常规组的产品经理抢工作，而领导肯定不希望这样的事情发生。公司专门成立你的团队的目的，就是探索和创新。换言之，现有的东西都不能碰，你只能进行创新。

5.2.2 业务分析

如果想要进行创新，产品经理能做什么？有什么技术可以用?

这个阶段就是从 0 到 1 做创新业务的过程中最开始也是最关键的一部分，即找到业务和技术连接的那个点。

对一款产品来说，任何新的流程、模式、功能，只要能带来新的产出，就可以称为创新。所以，创新可以是拓展了新的业务、取得了新的业绩或带来了新的效率提升。

想要知道什么是新的，就要从现有的产品、功能里发掘，以现有内容为基础，推陈出新。

我们可以从业务层面进行逐层分析。一位经纪人的工作一般包括参加公司的培训、开会，以及跑客户。

在培训方面，通常需要一套完整的模块，包括销售的基本功、公司的规章制度、高手的销售技巧等，这些都需要平台的支持。

在开会方面，同样需要平台的支持，如会议考勤、会场预定、日程管理等，这些都是最基本的模块。

在跑客户方面，首先要有客户，然后才能对客户进行需求分析，接着进行供给侧资源分析，最后完成销售。从获客到销售，把客户数量转变为销售数量，这是一个标准的销量和转化率模型。优化的重点有两个，即增加客户、提升转化率。

1. 增加客户

要想增加客户，就要提升获客能力。提升获客能力，分线下和线上两种方式。

线下客户主要依赖经纪人自有的人脉，也有一些门店带来的新客户。总体来说，目前没有很好的线下获客手段。

线上客户的主要获得渠道是恋家 App 的客户咨询模块，它会直接导流给相关经纪人。此外，公司官网和 web 端的活动也会带来一些线上客户。随着移动互联网的发展，通过微信朋友圈获客的手段火了起来，如有的经纪人会通过在朋友圈发布优质的房产资讯来获客。

2. 提升转化率

要想提升转化率，就要对销售的各个环节进行层层拆解，针对不同的销售场景用不同的处理方式。比如，通过线上渠道进来的客户，他们的需求往往比较复杂，需要对他们做好需求分析才能促成成交；线下直接到店的客户，很可能就住在附近，他们的目的往往很明确，就要附近的楼盘，这个时候只要做好短期跟进，就可以促成成交。

销售的方法就更多了。所谓“兵无常势，水无常形”，做销售，要因势利导，不拘一格。

这节的业务分析仅仅给大家提供一个思路，想要写出一份合格的业务分析报告可能需要上万字，除了定性的场景调研和逻辑分析，还需要定量的数据支撑，如不同的线上获客渠道的导流占比分别是多少，每个渠道客户成交率是多少等。

5.2.3 供给侧资源分析

在业务分析完成后，接下来就要进行供给侧资源分析，即技术实力分析。

公司的技术实力、人员配置情况、项目预算等，都是产品经理能使用的资源。这些资源往往左右了供给侧的量级。不同的资源水平有不一样的利用方式，如果利用不好，会制约产品方案的执行。因此，产品经理要清楚自己手里有哪些牌，以及自己的底牌是什么。

比如，恋家房产公司是一家传统企业转型互联网的公司，拥有一定的研发实力，但在社交、社区、短视频等线上领域没有特别的技术积累。这就意味着，恋家房产公司想要做一款美图软件是很吃力的，是需要付出很大代价的，并且做出的产品大概率无法商用，也无法和市面上现有的美图产品竞争。

如果恋家房产公司一定要进行类似方向的尝试，建议采用采购外包的形式会更划算。

经过技术实力分析，我们大致可以判断做什么是有胜算的、什么赛道是不能进的，这将成为我们产品定义的基点之一。

基于以上业务分析和技术实力分析，你可以从培训、销售洞察等角度进行产品研发创新，而不是死磕那些市面上比较火但没有优势的方向。

5.2.4 需求优先级

注意，在实际工作中，变化总比计划多，产品团队并不能完全掌控所有的需求。作为产品经理，你可能要承接各个业务部门、运营团队的需求。最重要的是，公司可能临时调整战略，领导可能会指派给你别的需求。

所以，真实的情况很可能是这样的：在做完了各种分析后，你突然接到了领导的命令，总经理最近迷上了抖音，觉得抖音上的“网红带货”将会成为一个新风口，所以要求创新产品组在“抖音平台获客”这个方向上进行探索。

一般来说，高层提出的、与公司战略相关的需求要在第一时间响应。在这种情况下，其他方向的探索研究可以暂时放下，但业务分析要持续进行。因为并非每位高层的需求都能落地，一旦这个需求被证明不可行，你还需要回过头来继续研究自己的分析成果。如果完全放弃了对业务的分析探索，很容易让自己陷入被动接受需求的境地，进而丧失主观能动性，让自己变成一个“指哪打哪”的工具。

根据领导的指示，你可以把每天的工作时间调整为：研究短视频平台获客工作占50%，业务分析工作占 20%，现有需求跟进工作占 20%，沟通及汇报工作占 10%。

这样安排可以保证你用最多时间跟进公司战略层面的需求，同时可以保证给自己预留一定的业务分析时间。

接下来，我们来看看如何让这个自己从没接触过的需求落地。

5.2.5 市场分析

当你拿到“抖音平台获客”这个需求时，你该从哪里入手呢?

一开始，要了解一下这个市场的情况，即“抖音平台获客”这件事到底是怎么实现的。

最直接的做法就是使用抖音 App，找到所有与房产销售相关的短视频、账号，不停地看他们的信息、分析他们的视频，看看他们有什么特点，以及他们是如何进行传播、获客、转化的。

假设你是这个领域的“小白”用户，当你看了若干视频之后，你应该知道如下信息。

（1）这个行业的头部账号不一定都是个人账号，反而多是机构账号。大部分机构账号都是由 MCN（Multi-Channel Network）机构孵化的，其视频分为原始内容和演绎内容，由内容策划团队和网红形象博主分工协作完成，整体专业性要高于个人账号，产出的内容矩阵也比较强大。

（2）MCN 机构的内容研发部门一般会制定一套标准作业程序（Standard Operation Procedure，SOP），这套 SOP 可以迅速提高该账号的内容质量，这也是其核心竞争力。除了 SOP，MCN 机构还会针对各个平台的推荐机制进行研究，如研究抖音的推荐算法、快手的推荐算法等。

（3）这个行业的头部账号不多且地区差异较大，头部账号的粉丝数量通常为百万级别。但客户关注更多的是经济学大家的账号，而不是房地产经纪人的账号，因此部分经纪人的账号也会有相关领域的权威背书。

（4）这个行业的头部账号的形式主要是竖屏的、真人出镜的字幕讲解，内容主要是房地产相关的知识，如房价涨跌情况、未来趋势、买房须知等。头部账号的内容门槛不高，彼此之间存在趋同的情况。

（5）在内容形式上，视频拍摄的风格特效和转场特效较少，主要特点是叙事平淡，以严肃为主。

以上都是模式和逻辑层面的定性分析，接下来我们应进行定量分析——这方面的工作就像算账。

（1）在成本方面，首先要核算人力成本。假设第一年内容团队和产品团队需要 5 人，则一年的成本大概需要 100 万元，再加上杂七杂八的各种广告宣传费用和外包推广费用，假设成本总额是 600 万元。

（2）从行业周期和节奏来看，一般的公司在一年内就能实现盈利。假设我们的第一年也是盈利的，那么我们的利润至少要达到 600 万元，月均利润至少要达到 50 万元。参考市场行情，能达到这个级别的 MCN 机构最少要拥有一般垂直领域前 20 名的水平。2019 年全国的 MCN 机构约有 1 万家，但因为房地产领域比较冷门，活跃的 MCN 机构大概只有十几家。这些 MCN 机构拥有的粉丝数量从几万人到几百万人不等，按同等规模来推算，我们要实现盈利，需要做到百万级的粉丝规模，这个挑战不小。

（3）从变现渠道和转化率来看，假设平均 100 个人可以转化为 1 个客户，而 1 个客户能带来 10 万元利润。那么，要想实现每个月 50 万元利润，则每个月需要转化 5 个客户，即每个月至少要带来 500 个人。以拥有 100 万个粉丝的账号来计算，这个转化率要做到万分之五。当前市场上比较通用的价格是：按照一个粉丝 3 分钱来报价广告。所以，按上面这个利润和转化率来计算，一个粉丝 3 分钱是很便宜的广告费用了。

综上所述，基于以上假设，自建 MCN 机构的好处在于头部账号的扶持、销售明星的培养、线上获客的布局。但如果以业绩为目的，从短期来算，投放广告是比较好的手段。

5.2.6 产品分析

经过上面的分析，我们渐渐对目标产品和目前面临的问题有了更加清晰的认识，如我们遇到了什么问题，这个产品能解决什么问题等。

同时，我们基本上可以知道目前面临问题的严重程度。不管这个问题是否严重，我们都要把产品模式分析出来。因为凡是人们能看到的机会，肯定是比较难以把握的，否则好的产品方向也不会如此可贵。赚钱的机会是在错综复杂的市场中被发现的，因此产品经理必须面对各种难题。

通过上述分析，我们大概可以断定：想要帮助经纪人成为“大 V”，实现抖音平台获客，必须研发出一套 SOP。SOP 的研发需要 3 个关键能力，即内容创作能力、工具能力、平台推广能力。

1. 内容创作能力

鉴于房产领域的短视频内容和形式比较简单，因此这个领域的内容创作能力主要是指专业内容的收集和整理。这个能力对恋家房产公司来说其实不难，广告宣传部门和业务管理部门应该有现有的材料，市场部门的分析报告也可以拿来提炼成短视频的内容。

2. 工具能力

越好的、越适合的工具，制作门槛越低，学习门槛也越低，整体制作成本也越低，投资回报率越高。

对抖音平台来说，剪映是不错的编辑工具，它可以快速进行剪辑、转场、配音和配字幕。从整体上来说，工具的选择比较多，市场趋于饱和。

3. 平台推广能力

要了解平台的推广能力，首先要了解平台的各种机制。以抖音为例，其最核心的机制是冒泡排序算法机制，因此产品经理要了解什么样的内容会被推荐给更多的客户，以及究竟用哪些指标来评判账号和视频的品质。

5.2.7 产品方案和 MVP

针对以上 3 个能力，我们可以分析出有哪些事情是我们可以做的。

第一，对于内容创作，我们可以考虑使用技术爬取全网短视频信息的方式进行分析，但这么做的难度非常大且服务器成本非常高。而且大多数 MCN 机构都是使用自主研发的创意，完全通过人工的信息搜集和头脑风暴来进行创作，重内容、重运营，极少借助技术手段来操作。所以，对于这个部分，技术的发挥余地不大。

第二，对于工具，因为其市场已经处于饱和的状态，并且平台官方也会提供可用的工具，所以我们没必要再研发一套工具。对 MCN 机构来说，一年最多也就做几十个账号，而自主研发一个工具却需要一个十几个人的团队，因此组建自主研发工具团队是不划算的，也是完全没必要的。即使能研发出工具，也不会降低操作门槛，投资回报率依然不理想。

第三，对于平台推广，我们可以考虑使用技术爬取头部视频数据的播放、点赞等信息的方式进行分析，但最核心的完播率等指标很难拿到，仍然不如人工研究的效率高。

基于这 3 点结论，我们基本可以确定这是一门重内容、重运营的生意，技术和 AI 的发挥余地很小，至少在 MVP 阶段，产品形态不会包含过多的技术、工具等层面。所以，初期想打造 MVP 阶段的关键就是要跑通这个模式，看看能不能先做出一个头部账号，然后才能谈后续的推广和商用。

要跑通这个模式，产品经理可以亲自出马，也可以找几个经纪人，尝试做一个头部账号，找找感觉，看看难度如何。如果在一个月左右的时间内不能达到上万级别的粉丝数量，基本上就需要找一些 MCN 结构的专业人员来协助了。

5.2.8 链路闭环

到这里，产品分析其实才刚刚开始。因为我们只看到了一个点，之后还要想好如何和业务接轨，从而将整个过程连成一条线，完成产品模式和链路的闭环。

对于和业务接轨，要考虑 3 个问题。

第一个问题：当你要做一个 MCN 机构，带领销售团队做头部账号时，你的资源从哪来?

鉴于这是一项重运营的工作，因此运营团队在这项工作中占据重要的地位。在产品规划初期，必须和运营团队保持互动，不能在方案确定之后再强推给运营团队。因此，我们在签协议、做内容时，需要和运营团队保持合作。没有运营团队的参与，这项工作是很难推动的。

第二个问题：你该如何运作 MCN 机构，你能给用户带来什么?

正常来说，你的 MCN 机构应该产出头部账号，即将你的用户（这里的用户指的是房产经纪人）培养成“大 V”，带给他们“大 V”级别的收入。但这取决于他们能否变成“大 V”。而在短期内这个结果是不确定的，用户却需要预先付出时间和脑力，这会影响他们的销售业绩。换言之，你要让用户同意用现在的一些资源做一个风险投资，即在你的帮助下，努力成为一个短视频“大 V”。因此，合理的方案是：尝试和运营团队洽谈，拨一些预算用来招募种子用户，通过补贴和奖励的方式鼓励他们和你一起尝试，降低双方的风险。毕竟这是一项公司发起的行为，公司初期投入一些运营成本也是合理的。

第三个问题：做产品讲究迭代和善始善终，如果出现不同的结果要如何收场?

公司和领导对于产品的耐心是有限度的。通常在产品上线后，会有一个北极星指标作为产品的关键指标。这个指标可以是关键页面的活跃度，也可以是其转化率。这个指标要和产品核心指标有强关联性，并具有一定的预见性，这样才有监控价值。反之，像一段时间内成交总额（Gross Merchandise Volume，GMV）等滞后指标不适合作为北极星指标。

根据北极星指标，不难量化和计算收益。通常来说，MCN 机构能否做出成功的头部账号，只需半年就有结果。如果半年时间到了，未能做出成功的头部账号，基本说明这个产品失败了。

所以在做产品时一般都会设立一个底线关闭期，并提前向各方说明这一点，避免虎头蛇尾，从而影响自己的口碑。

5.2.9 体系化运作

在完成和业务接轨的思考后，还要想一想如何实现长期运作，也就是如何让整个体系稳定发展，这是从线到面的思考。

第一，在我们跑通了这个模式后，就会推出头部用户（即“大 V”），接下来要做的就是带动其他长尾用户复制这种模式。但情况没有那么简单。

对“大 V”来说，在和公司完成了交易，获得了风险投资的收益后，他们与公司之间的关系链就弱化了，因为公司的核心技能已经被他们掌握了。这个时候，如果某个“大 V”跳槽，就会对平台和公司产生较大影响。所以，我们需要制定一套机制或条款来约束他们，避免这种事情发生，让整个体系保持稳定运行。这套机制或条款一定要由销售和管理部门一起制定，这是绕不开的一步。而如果其他部门也参与了项目，在谈完了付出后，就要分得利益，这是产品经理必须考虑到的问题。

第二，要明确如何带动其他长尾用户，如何让头部用户分享他们的经验、开放他们的资源流量。

此时就涉及知识付费的问题了。知识付费最核心的原则是：如果要取得一个群体的知识，就要分给他们利益。比如，通过平台现有的社区功能，让头部用户分享经验，可以支付给他们一些稿费或让其他长尾用户出钱购买。这种方式对双方都有好处，头部用户收获了财富，其他长尾用户收获了知识，有利于让大家组成利益共同体，促进体系的完整和稳定。

在内容、社区等领域，情况会更复杂一些。以内容分发为例，市面上不同内容平台采用的分发机制，实际上有截然不同的运营思路。比如，微博以文字内容居多，采取订阅关注制，优先展示给粉丝的都是粉丝自己关注的人所发的内容。这就形成了以“大 V”为核心，粉丝围绕“大 V”内容生存的体系。因为内容分发机制与“大 V”的关联很强，所以与平台的关联就很弱。

但对抖音来说，因为其都是短视频内容，视频质量很重要，优先展示的都是系统主动推送的东西，这就形成了以平台内容算法为核心的内容分发机制，普通使用者对于大部分“大 V”是不敏感的，这属于专业用户生产内容（Professional User Generated Content，PUGC）模式。

所以，具体如何运作取决于你所面临的情况，取决于你要用什么样的机制来推送哪些内容、哪些人。

至此，我们基本上已经分析完公司组建 MCN 机构的可行性和关键点。但作为一名负责任的产品经理，你的工作是不可能到此为止的。

5.2.10 迭代推演

优秀的产品经理要有举一反三的能力。也就是说，你不仅要能研究一个产品、一条业务线，还要能看到整个行业中各条业务线的关系。换言之，你不能简简单单地把一个产品当成一个产品来做，你的目的应该是解决一个问题，因此你要穷尽一切办法。

想象一下，假设你是一个创业者，当你的第一个产品没有大卖时，你下一步会怎么做?

比如，很多人恐怕不知道，nice 这款 App 其实最早是一款图片社交 App，类似于小众的 Instagram。但如今的 nice 已经变成了一个球鞋潮品交易平台，做的是 C2B2C 的生意。它最好玩的模式是闪购，即允许卖家先把货物发给平台，由平台进行鉴定和仓储，再第一时间发货给买家，最后和卖家进行结算。nice 的转型非常快。

作为一名产品经理，你要把自己当成一个创业者，当你的第一个产品没有大卖时，你要马上考虑改变打法。换言之，你在分析第一个模式时，要考虑清楚，如果第一个模式走不通，接下来应该怎么走，这是产品经理最基本的素质。

那么，如果我们的 MCN 机构做不成怎么办?

MCN 机构玩的是内容和公域流量，这与私域流量的玩法是不一样的。公域流量的运营主要依靠上文我们分析的内容，更倾向于流量增长；而私域流量的运营更倾向于营造信任、拉近关系、提升转化。

如果我们在公域流量的玩法上走不通，可以尝试帮助“大 V”通过短视频来运营微信平台的私域流量。但从私域流量运营辅助这个方式来看，该项目的格局和定位就要小一些了，可能属于某个内容生产部门，而不会成为一个商业模式的研发部门。

私域流量的核心其实是关键意见消费者（Key Opinion Consumer，KOC）。比如，对购房者来说，销售人员的朋友圈消息与房东的朋友圈消息相比，肯定后者的可信度更高，因此购房者在购买之前会咨询 KOC，而不是关键意见领袖（Key Opinion Leader，KOL）。因为人们通常会预设 KOC 是没有立场的，而 KOL 往往和平台有着千丝万缕的联系，因此人们对于 KOC 是天生信任的，对于 KOL 是天生警惕的。所以，KOC 的私域流量辐射范围更广，转化的效果也更好。

帮助“大 V”玩转私域流量，就是提升他们的口碑，培养他们的 KOC 身份，通过针对性的服务解决关键客户的问题，从而形成自己的 KOC 圈子，辐射更多客户。

这就要求“大 V”不再秉持用户收割的思维，而要具有用户经营的思维，团队整体的内容模式和运作模式也要根据这个思维进行调整。

当然，这只是迭代演化的一种可行性思路，在产品研发、运营的过程中，我们不能停止对于这部分的思考，但对于产品的分析在进行到这个阶段后，就已经可以考虑启动了。

5.2.11 启动

上文的分析内容需要在第一时间向领导汇报，形成 BRD。可以根据产品方案的侧重点、领导关注的点、公司的风格，整理出一套 BRD 模板。

BRD 中要有能够落地的部分，要写清楚项目运作机制和行事历。其主要内容我在上文已经分析过了，这里主要讲一些注意事项。

1. 项目初期运作机制的确定

一般来说，产品的开发可以分为三个阶段：设计、研发、测试优化并上线。

此外，在开发前，要进行需求初审，确定需求价值和开发方向，看看哪些需求点必须马上做，哪些可以再等等。

在开发后的前两天，要进行需求复审，主要围绕实现层面进行。此时，UI 和 BRD 通常已经完成八成了，其他未完善的部分可以在研发过程中灵活解决，但余下的问题越多，风险和不确定性就越大，这需要团队一起磨合和消化。

需要注意的是，参与方越多，越需要在初审前预留时间，如预留出法务评审的时间。我们要按照项目的具体情况制定一套机制和规范，否则容易出现“三个和尚没水喝”的情况，各方互相推诿，只强调自己团队的问题，不为整体目标努力。项目越新，大家越容易缺乏默契，越需要制定规则来约束。

2．权责区分

权责区分有几个基本的原则。一般来说，任何产品都会有一位属主产品经理，负责整体平台的验收。在平台侧之外，还有独立的模块工作。比如，App 的内容模块是独立的，因此有独立的内容产品经理负责本模块的产品运营。当内容模块进行内容更新时，与平台侧是无关的，在这种情况下，平台侧可以不参与验证。

进行权责区分是为了避免出现某位产品经理为产品的问题背锅的情况。通常来说，因为产品经理是一个为整体体验负责的岗位，因此一旦出现问题，容易代人受过。如果产品经理没有进行权责的界定，会面临“大事没权，小事有过”的烦恼。

3．汇报机制

汇报机制在项目初期是很重要的内容。哪个团队负责主要汇报、其他团队要配合汇报哪些事项，都要事先敲定下来。

因为汇报是展示功劳的行为，也是争取资源的行为，所以容易出现“囚徒困境”的问题。比如，一个项目组的 A 产品团队向领导做了某项工作的汇报，而 B 产品团队没有做相关汇报，B 产品团队就会很被动；如果 A、B 两个产品团队都做了同样的汇报，领导又会感到困惑。所以，比较好的汇报方式是：一方统筹，其他方配合。在进行汇报时，各方互通有无，彼此都能受益。

好的汇报机制是各方共享利益、合作共赢的基础。

5.2.12 落地

关于产品落地，我分享 3 条具有普适性的原则。

1. 团队默契是磨合出来的

在团队合作有困难时不要过分在意，不要玻璃心。团队成员的做事能力是最重要的，而个人的感觉、双方的默契通常只是锦上添花。一般来说，团队成员都是按照高标准招聘进来的，素质都不会太差。

但团队氛围也是很重要的，在不舒心的环境里工作，确实让人很难受。所以，团队要想办法，通过制定有效的机制来营造良好的团队氛围。

默契，就是无须赘述的约定。但当大家还没有默契时，就需要明契，也就是权责、时间、机制的约定，这是正常现象。

2. 汇报如逆水行舟

很多产品经理只关注做事情，不关注汇报，往往导致自己的工作没有被领导看到，这其实是很可惜的。

尤其在产品从 0 到 1 的阶段，因为没有可量化的商业价值产出，往往你的汇报就决定了你的产品在领导心目中的地位。

当然，错误的汇报或不好的汇报，会降低产品的评分。有时候，一个非常好的产品提案只是因为你在汇报时没有好的数据支撑或好的表达，就被否决了。所以，要重视汇报工作，任何一次和领导的接触都要预先准备，千万不能含糊对待。

3. 想好再做就是最快的

很多时候，新产品的时间压力很大，每个人都在催促，但如果产品没有经过验证就匆匆上线，最后的效果会很不理想。

这种情况的后果很严重，将会直接导致整个团队没有产出，士气低落，而产品经理也会因此而承担相应的责任。

所以，遇到类似问题，我认为哪怕多花三五天时间去验证，产品晚上线三五天，也比大家白干两个月要好。

产品经理一定要守住原则，因为出了问题只能自己承担。

5.3 分析产品的战略模式

5.3.1 战略思考：让高层眼前一亮

通常来讲，工作不超过 5 年的产品经理，会比较多地参与执行层面的工作。虽然处在执行层面，但还是要尝试跳出来进行战略层面的思考。战略层面的思考能够让新手产品经理成长得更快、执行得更好。

通过总结自身经验，我归纳了一套战略层面思考的方法论，我称之为战略思考法。

战略思考法可以帮助大家解决以下几方面的问题。

（1）回答产品评估相关的问题，如产品价值评估问题。

（2）判断当前的职位是否有发展前景。

（3）快速了解一个新的行业及其发展态势，在跨行业的社交中能够很自然地参与别人的话题。

（4）在和这个领域的专家交流时，能够提出独到的见解。

战略思考法的实际用途很大。这种方法主要解决了两个问题，这两个问题是每位产品经理在工作和面试时都会遇到的，问题如下。

（1）这个产品的机会在哪里？

市场分析：通过对现有市场容量的估算、产品定位的分析和各产品规模的评估，明确我们的产品竞争的赛道在哪。

（2）这个产品的机会有多大？

产品评估：通过对选定赛道的目标用户进行研究，找到我们的发力点和主攻方向。

5.3.2 “市场分析”赛道三要素：场地、项目、观众数

在选择竞争赛道或评估市场情况时，要围绕场地、项目、观众数这 3 个要素展开。首先，我们要对整体的市场容量有一个预估，如果难以预估出绝对值，至少要给出一个相对值；然后，我们要分析市场内主要产品的定位和发展态势，了解其在市场中所占的份额；最后，我们要根据自己产品的各项数据，进行客观的市场分析。

1. 容量估算看场地

80%的产品经理都做过估算题，如估算北京的加油站数量、估算某区的房价、估算某行业的消费者数量等。这种估算题考查了两方面：一方面是产品经理的思维的广度和灵活性，另一方面是产品经理的逻辑判断和分析数据的能力。我们要尽可能在认知范围内搜集相关信息，再通过逻辑关联找到线索进行估算。常用的方法为漏斗法，因为整体性的数据和比例是较易估算且误差影响较小的。

当然，实际的市场评估还需要进行调研，这个估算法只是在面试、设计或进行简单判断时使用的。大家不妨平时多多练习，这样下次遇到陌生的行业也能做到心里有数。

2. 产品定位看项目

在规划或撰写市场需求文档（Market Requirement Document，MRD）时，几乎所有产品都进行过产品定位。比如，娱乐板块的一些游戏产品可能对于品牌价值的贡献没有对于收入的贡献大，所以我们可以把这些游戏产品归类为创收型产品。这也是为什么某大厂近一半的利润来自娱乐板块，而曾经多年不涉足娱乐板块的另一家大厂近年也开始建设互动娱乐事业群。产品定位更多的是分析同一家公司的众多产品并进行横向比较。

分析产品定位可以避免我们进行无谓的比较，如不能将一个公益类产品的营收与游戏产品的营收相比，这是没有意义的。通过产品定位我们可以了解各个公司的战略布局及其在市场中所占的份额。

3. 增长模型看观众数

增长模型主要包括用户的新增、留存、流失三大情况，需要我们注意以下几点，即市场活跃度、传播率、用户留存率、投入产出比。

（1）分析市场上产品的用户新增和流失情况，判断产品的发展态势和市场活跃度。

（2）传播率即 K 值，往往更能说明运营及产品定位的情况。

（3）用户留存率是保持产品优势和警惕风险的关键指标。

（4）衡量用户价值和获取成本，这是我们计算投入产出比的关键。

关于最后一点，着重说一下，对于采用补贴型战略的产品（如之前的共享系列），通过计算它的融资情况和补贴情况，甚至可以得到其企业认为的用户生命周期和终生价值。

5.3.3 “产品评估”方向三要素：目标用户、痛点分析、场景梳理

产品是为用户而生的。准确定位目标用户是产品成功的关键。很多人认为产品经理是吃青春饭的，其实不然，产品经理也可以是年长的，但他一定要理解年轻用户。我们这一代产品经理如今尚能紧跟时代潮的发展，但等到若干年后，互联网的主要流量群体变成更加年轻的群体时，如果我们对他们的体验、价值观不了解的话，恐怕就不是时代抛弃我们，而是我们拒绝迈入新时代了。

因此，产品经理不能只做自己熟悉的、热爱的产品，而应怀有更高的追求，了解自己不熟悉的产品。即使产品经理无法完全成为目标用户，也要想办法全面了解目标用户，这是同理心的最高境界。

1. 目标用户：通过麦肯锡八法获取目标用户信息

比如，通过麦肯锡八法获取的某职场 App 的目标用户群体的信息如下。

（1）地理位置：非农村的地区，以一、二线城市为主。

（2）使用场合：可以随时、随地、多终端使用。

（3）需求：可满足求职需求、了解行情需求、职场社交需求。

（4）需求动机：可拓展人脉，实现扁平化管理。

（5）使用频次及方式：中等频次，使用方式以查看、聊天、互动为主。

（6）目标用户及其特点：目标用户为职场新人及中坚力量，年龄为 22～50 岁，

男女比例均等，收入水平中等。

（7）目标用户的价值观：渴望扁平、透明的管理方式，相信人脉的力量，希望改善职场信息不对称的情况。

（8）利润空间：对中等收入的目标用户来讲，利润空间较大。

由此可见，市面上大部分职场 App 的目标用户都是新人群体。倘若把一个具有匿名吐槽、薪资爆料等功能的 App 的目标用户设定为高管群体，那这个 App 一定没有市场，因为高管的薪资都比较透明。

因此，分析目标用户是我们区分、明确产品在市场中的定位的关键。

2．痛点分析：找到真正的痛点

何为痛点呢？在讲痛点时，一定要讲到痒点和爽点，这三者非常容易混淆。

首先讲痛点。痛点是令用户痛苦的、难受的、不想再经历的、刻骨难忘的点。所以，痛点不仅是那些用户会“吐槽”的点，更是用户在内心深处深恶痛绝的点。

比如，我们在和朋友视频时，可能感受到体验的问题很多，如视频通话质量差、个人形象不好看、手机电量不足等，但这三个点是不同的。

视频通话质量差，可能直接导致用户视频通话失败。用户每次看到质量差的视频效果都会心急如焚，并且每次都祈祷“一定不要掉线”。这个点就是痛点。

个人形象不好看，可以通过美颜解决，但这背后其实是用户对于理想状态的一种追求和向往。如果能满足用户的这个需求，用户会有喜出望外、被关注的感觉。这种既不影响核心流程，但用户又很想要的点，通常被称为痒点。

手机电量不足，会导致我们不能 24 小时无限制地视频。在很多时候，我们的视频通话是不尽兴的，因为我们要留着电量做别的事情，从而导致我们不得不中止视频通话。在这种情况下，让我们不能尽兴的原因，就是阻挡用户感到十分满意的点。这个点就是爽点。

总而言之，痛点是那些“用户深恶痛绝并祈祷不要发生的点”；痒点是那些“用户期待得到惊喜的点”；爽点是那些“让用户感到十分满意的点”。在这三者中，痛点更多决定了产品的可用性和基本价值，痒点更多影响了产品的口碑和附加价值，爽点更多左右了用户的忠诚度和满意度。

3. 场景梳理：场景是痛点的前提

痛点并不是固定不变的，不同的用户会有不同的痛点，甚至同一个用户在不同的场景下也会有不同的痛点。

比如，对于一个内容社区的产品，一个表达型用户，在晚上的表达自我场景下，他的痛点是内容的编辑和分享；同样是这个用户，在白天的工作场景下，内容的转发功能会让他更高效地整理材料，所以他的痛点从内容的编辑和分享变成了内容的转发；在下班后的通勤场景下，阅读需求变得更重要，此时他的痛点可能又变成内容的收藏。

由此可以看出，针对同一个用户，同一个产品的不同模块可以解决他在不同时间、不同场景下的不同痛点。

因此，我们不但要找到目标用户，更要厘清用户的场景。

5.3.4 总结

战略思考包含了与财务、风险、法规、成本等太多方面有关的因素，本节仅仅提供了一个快速分析的思路，如果是更深层次的研究，很可能需要一个企划人员半年的工作量。在面试、交谈、日常评论等场景下，这套方法论足够让你胸有成竹，让你的大脑不会一片空白。

一千个人眼中有一千个产品经理。我的方法论并不是解决问题的唯一方法，但希望能对大家有所帮助，也希望大家可以对以上方法仔细思考并多多尝试，相信一定会受益颇多。

战略眼光是衡量新人潜力的重要指标，也是评判资深产品人的依据。它决定了产品经理的能力上限，同时也影响着产品经理的能力下限。产品经理虽始于执行，但战略眼光才是指引其前进的明灯。

5.4 快速拆解产品

产品分析是产品经理汲取知识和获得灵感的重要渠道，很多新人却不得其法或感到无从下手，这可能是因为他们缺少相应的方法和思路。

我归纳了一套产品分析的方法论，通过这套方法论，从宏观来讲，能学会产品拆解、感知和定位；从微观来讲，能学会看布局、懂交互、知设计。这套方法论看起来复杂，其实通俗易懂，下面我们开始进入正题。

5.4.1 产品宏观分析三维：要素、情感、定位

1. 要素拆解：解析产品

一个产品的八成信息，都在产品的五大要素内。所以，在拿到一个产品后，我们可以先列出五大要素，然后对这五大要素进行深入研究。

产品的五大要素具体包括以下内容。

（1）内涵：即为用户提供的基本效用或利益，满足用户的本质需求。

（2）形式：即产品的功能、设计、内容等方面的表达方式。

（3）外延：即用户在使用产品时所获得的附加价值和利益。

（4）理念：信念和宗旨，即用户在使用产品时期望得到的价值。

（5）终端：产品的战场，即用户可以在哪些地方使用产品。

透过五大要素，我们可以对产品进行拆解，拨云见日，然后得到产品的骨架。在这个阶段，我们也可以多了解竞品，从而对我们的产品在整个行业中的地位有一个整体性认识，这对我们把控产品大有裨益。

但通过这五大要素，我们只能得到冷冰冰的、没有生命的产品架构。产品如人，好的产品设计一定倾注了设计师的全部情感。我们应该体会产品设计中所体现的情感，感知产品的心跳。

2. 情感设计：感知产品

情感设计的载体包括形象化 IP、吉祥物等，这种具体化的载体可以给人亲切的情感体验。比如，我们熟知的一些大企业的吉祥物和 Logo。

（1）蓝色的熊掌。雪地里的熊掌印是猎人追踪的痕迹。猎人孔武有力、战无不胜，总能找到自己想要的猎物。所以，使用这个形象的产品会让人联想到搜索和追踪。

（2）黑色的猫。一只时尚、漂亮的猫象征着友善，其优雅、轻盈的体态，会让人感受到追求品质、时尚生活的态度。

当然，除了吉祥物，我们还可以从具体界面和 UI 上找到更多灵感。

情感设计载体的领域很广，如果想更好地理解这个抽象的概念，可以从一些拟人化、形象化、感性化的设计点切入进行分析。只有感知了产品，我们才能对情感设计有更多感觉、对产品的设计思路有更多洞察。

3．定位产品：六维分析

通过上面的分析，一个丰满的产品形象就会呈现在我们眼前，这时我们应该跟这个产品进行一些“对话”，聊聊它的定位。在这段“对话”里，我们主要围绕 6 个问题来思考，这 6 个问题可以让我们得到一个动态的产品模型。下面以网易严选为例进行说明。

（1）该 App 是什么行业的什么产品？答：该 App 是零售行业的电商产品，其中还包含了供应链部分。

（2）该 App 的目标用户群体有哪些特点？答：其目标用户群体具有注重品质、看重性价比、了解品牌和品牌效应、了解原始设计者（Original Design Manufacturer，ODM）模式等特点。

（3）该 App 解决了目标用户的什么问题？答：其解决了目标用户不能接受品牌商品价格的问题。

（4）该 App 给用户带来了什么增量价值？答：在质量略减、去除品牌效应的前提下，该 App 给用户带来了性价比的提升。

（5）与竞品相比，该 App 的差异化体现在什么地方？答：在非垂直电商领域里，其差异化主要体现为 ODM 模式所带来的商品质量和性价比方面。

（6）如何让用户认可、喜爱该品牌和产品？答：打造线上版的“无印良品”，让用户从“信任我的选择”变为“信任我的品牌”，爱屋及乌。这样做，进一步可以打造代工厂自营品牌（Orignal Brand Manufacturing，OBM），退一步可以借助线上优势从竞争对手的手中获取流量。

在定位产品之后，我们不但了解了产品的形象，还了解了产品的发展态势，以及其在市场中的地位。这能够使我们对产品的外部因素有一个整体的认知，而这个认知，往往决定了以下 3 个难题的答案。

- 如何用一句话表达清楚产品是什么？
- 评估需求的标准是什么？
- 产品未来存活的机会有多大？

如此一来，我们通过前面 6 个问题找到了产品的价值，从而解决了以上 3 个难题，这意味着我们对于产品的宏观分析已经达到合格的水准了。除了以上内容，产品分析还包括成本分析、财务分析等，涉及金融学、会计学的基础知识。严格来说，产品经理应具备商业分析能力，即不仅具有产品模块的知识，还能够从财务报表、公司年报中得到有效信息。但对初级产品经理来说，这些能力存在一定门槛且学习的性价比稍低。因此，我建议如果你没有时间或兴趣学习类似内容，你可以和业内的观察家、记者、数据分析师建立联系，找机会汲取他们的专业分析经验。

在现实中，具有同样表里的产品被砍掉的例子实在太多了，这也是我们进行产品分析的原因之一。做产品是一个迭代和发展的过程，很多时候都是在摩擦和竞争中找到先机的。而比较两个相同定位的产品的优劣，就要看两者的微观细节了。接下来，我会进一步进行产品微观分析。

5.4.2 产品微观分析三维：布局、交互、设计

在这部分，我会通过列举几个大家比较熟悉的 App 案例来进行产品界面分析，供大家参考。

1. 布局拆解：得出布局真谛

拆解界面，以余额宝的首页界面为例，如下图所示。

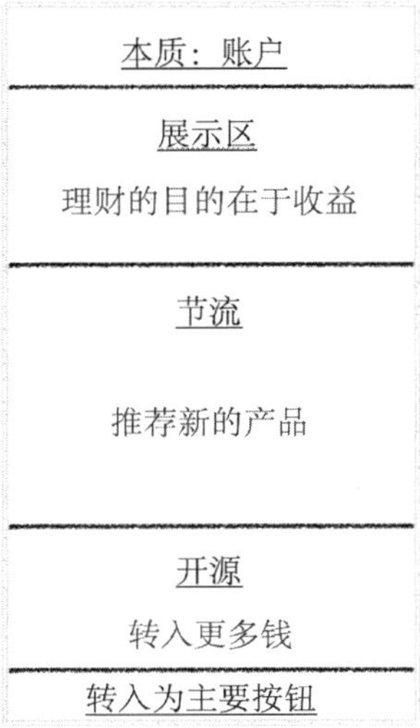

- 第一步，将界面各个区域拆解为不同的元素，上下/左右结构和目光顺序都要考虑在内。
- 第二步，让拆解出来的元素回归本质，理解了界面各元素的本质属性也就理解了整个界面的思路。
- 第三步，将以上信息转换成文字，要考虑视觉体验（包括细小的交互、动效等），输出结论。

余额宝作为一个账户属性的产品，首先要展示用户最关心的点（即收益），并使用热情的暖色；理财即开源和节流，故将其拆分成两大模块进行展示；底部的“转入”为主要按钮。整个界面从上到下逻辑严谨、风格简洁明了，用户几乎不需要思考。

2. 交互极简：解放用户大脑

交互极简看字面意思好像很简单，但其实反映了设计师复杂的内心。

对于交互极简的评价，主要从 3 个方面进行，以爱彼迎 App 为例，如下图所示。

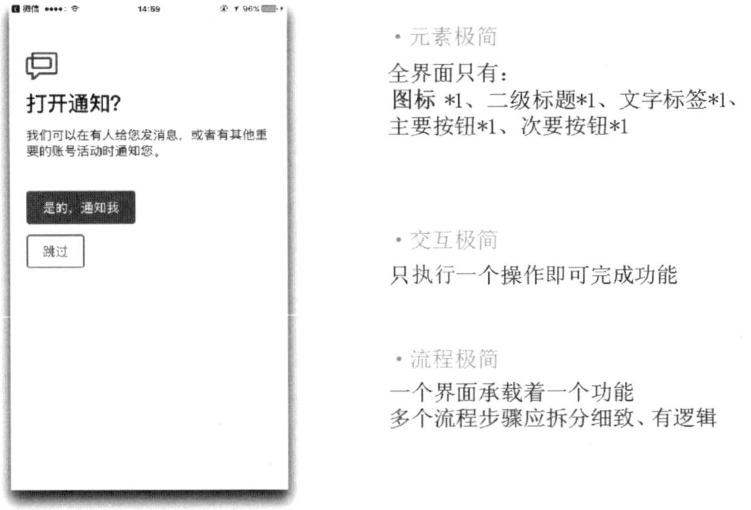

（1）元素极简：这个界面采用了最基本的布局和元素，在字体、背景及配图方面采用了规整的做法。

（2）交互极简：大部分 App 都会将图示界面的这个功能做成警示效果，而爱彼迎 App 的设计则显得别有用心。

（3）流程极简：这个通知打开与否，对于用户能否享受产品的下一步服务尤为重要，所以将它单独放在一个界面中。

爱比迎 App 的设计风格是极简的，整个界面几乎没有警示和提示框，全部采用柔和的界面跳转。这样做的好处是，用户不会受到弹窗等警示的影响。由于爱彼迎 App 的大部分操作流程并不复杂，所以没有过多的复杂界面。

交互极简的核心理念是：用户不需要任何思考就可以在不知不觉中完成整个流程。

这样既解放了用户的大脑，又俘获了用户的芳心。

3. 暖心设计：抓住用户的心理

在爱彼迎 App 中，不难发现一些暖心的小细节，如下图所示。

（1）暖心的“小波浪”：很多时候，对电商用户来讲，价格区间的选择功能并不令人满意。因为人的心理预期可变性太大，除了少数目的明确的用户，大部分人都不愿划定购买范围，舍弃可能性。在选择价格区间的时候，用户总担心会把喜欢的商品漏掉。爱彼迎 App 的做法是，用一个展示数量的“小波浪”来配合价格区间的调节。这样的设计可以让用户在选择价格区间时做到心里有底，使用户感到一种温暖。

（2）弃用纵坐标：“小波浪”的纵坐标无须赘述，大家都知道是什么意思，所以这里省略了纵坐标，保证了用户从上到下的目光视线。

（3）底部按钮中的数量会随筛选条件变化：“小波浪”的形象化设计给了用户直观但不精确的信息，而底部按钮中的数字给了用户精确的信息，这两个设计形成互补。用户在凭感觉滑动时，依然可以看到数量的实时变化，以此量化自己的选择结果，两个设计组成双保险，保证用户在筛选时能得到实时、准确的反馈。

这样暖心的设计，把筛选功能的用户体验提升了一个层次。正因为有了这些细节处的设计，才能让一个优秀的产品有了独特的基因。

5.4.3 总结

综上所述，我们从宏观、微观两个角度，剖析了一个产品的各个方面。这种方法适合大家在找灵感体验时使用，如果要做专业的产品报告和竞品分析，还要囊括财务分析、数据分析、运营分析等内容。

产品如人，具有生命力和灵魂，它不是一个冷冰冰的东西，而是一个有温度、有感情的“有机体”。在产品研发的过程中，我们应赋予产品温度、情感和灵魂，这样才能使产品具有生命力。

体验产品，就像一个和其他产品经理进行对话、交流的过程；拆解产品，就像一次产品经理之间的切磋；总结产品，则是对他人经验的一种感知。

在你缺乏灵感时，不妨拿出 20 分钟的时间厘清一个产品，这或许会对你有所帮助。

5.5 那些让用户喜爱的产品好在哪

怎么做才能让用户满意呢？其实归根结底就是一句话：让用户的需求得到极大的满足。

产品“好”可能是因为一个简洁的流程、一个清晰准确的界面，或者一个赏心悦目的视觉画面。

具体来说，如当用户通过购物车凑单时，出现的一个优惠券；当用户截图时，出现的一个“分享到微信”快速通道；当用户刷短视频时，出现的一个无限下滑功能。

上述这些在不经意间满足了用户需求的功能都是产品的“好”处。

5.5.1 怎么才能做出让用户满意的产品

优秀的产品为什么能让用户感到满意呢？归根结底也是一句话：优秀的产品要么满足了用户的最大需求，要么刺激用户放大需求，再准确地满足他们的需求。

为了理解这一点，我们可以从以下几个方面入手。

1. 从流程入手

梳理用户的主要操作流程，在关键节点给出快速的解决方案。

比如，某外卖 App 发现用户在截图之后，通常会选择分享、反馈等功能。为了让用户操作更便捷，快速弹出分享、反馈等功能，设计人员在 App 中设置了快速分享功能。这就是从流程入手，把常用的操作功能进行便捷化处理的例子，这样可以减少用户的操作步骤，让用户感到满意。当然，要想做到这种程度，不能全凭想象和推测，要对用户的操作流程有准确的把握，在数据方面有明确的统计分析结论。

但也有例外的情况。比如，用户在浏览较私密的视频时进行截图，其目的明显不是分享，因此不需要在这个场景下设置快速分享功能。此外，有些 App 在视频全屏播放界面中设置了快速分享功能，而在非全屏播放界面中没有设置快速分享功能，这也是产品经理对用户使用场景的把握。

总之，对用户操作流程的梳理要以场景和需求为准，不能按照功能一刀切。

2. 从结果入手

在电商系统中，购物车功能位于结算功能之前，目的是让用户对待购商品进行确认和选择。而其中最重要的两个环节就是凑单和领券，这两个环节也是最容易诱发二次销售的环节。下面我将着重分析京东的凑单和领券环节。

其实，用户对于凑单和领券的需求几乎是相同的，因此这两个功能最好按照同样的优先级来展示。

京东的交互设计方案是用一个优惠券功能覆盖了所有商品，并把凑单功能的优先级提到很高，给用户很好的购物体验。

京东的交互设计方案显然能够更高效地实现用户凑单、领券，以及二次销售的目的。这种设计的思路可以总结为：用极简的路径设计产品的交互，以达到销售的目的。

3. 从优势入手

让用户满意也要考虑产品自身的优势。比如，内容类产品要向用户提供优质的内容。

- 文字类内容需要有吸引力的标题和封面。
- 短视频内容需要精彩的截图或预览来吸引用户，毕竟文字标题并不能直观地描述视频内容。
- 纯音频内容与文字类内容相似，但要注意评分、分类等标签的展示。

对短视频来讲，没有什么比“直接收看几秒钟”更简单的筛选方式了。所以，我们提供给用户的不是列表展示和一次次点击，而是自动播放“一路刷”的模式。

当然，上述技巧对于辅导视频、学习网站这种需要强检索的资料库就不适用了。

5.5.2 总结

所有成功的 C 端产品都有让用户满意的点，仔细研究这些让你拍案叫绝的点，往往可以发现很多值得借鉴的思路。

比如，游戏中出现的“分享加一条命”的机制，让很多用户感到满意，毕竟在没有“氪金”和付出太多成本的情况下就可以重获新生，确实会让用户产生极大的满足感。

但是，大版面的游戏分享造成刷屏，在极大程度上降低了群消息的体验感。

在这种情况下，可以从制定限制规则入手，如限制用户在 10 分钟内不能将游戏信息分享到同一个群，避免分享的信息破坏其他用户的体验。

追求极致不等于不克制，一个产品不仅要让用户满意，还要让用户没有后顾之忧，这才是成功的产品。

第 6 章

实战经验分享

本章主要是分享我尝试过的、分析过的项目和产品案例，本章的写作目的主要有以下 3 个。

（1）如果你正在做类似的产品，希望能给你带来启示。

（2）展示不同产品的主要思路和侧重点。

（3）分析不同产品的差别，探讨产品经理的多样性。

希望大家通过了解更多的产品案例，获得新的启发和视角，并通过联想来获得一些自己领域内的产品的灵感。

6.1 电商产品怎么做

电商产品通常以互联网为平台，实现商品的销售。典型的电商产品包括以下两种。

（1）C 端电商产品，如淘宝、京东等。

（2）B 端电商产品，如客户关系管理（Customer Relationship Management，CRM）系统、智慧零售等。

同一种电商产品的业务模式不同，也会带来细微的差别，举例如下。

（1）C 端产品中的“二手交易”，就是两个 C 端用户之间的买卖，其实是 C2C 产品。

（2）如果二手交易中间有平台参与，如平台回收商品再定价销售，那么它就是 C2B2C 产品。

从共性上来讲，电商产品设计的逻辑比较复杂，尤其涉及大量的交易和货品进出，因此电商产品属于和钱有密切联系的产品，要特别慎重。下面我将以生鲜电商行业的几个场景为例阐述电商产品怎么做。

6.1.1 生鲜电商线下业务实战

生鲜电商不同于其他电商，其特点是商品周转期短、品质差别大，所以仓储、销售、门店的业务管理模式比较复杂，对系统有很高的要求。

生鲜电商产品的业务链条很长，我们需要梳理清楚整个流程。想象一下，一筐苹果从摘下来到卖到顾客手里，会经历什么呢？

首先，这些苹果在被采摘后，会配送至各个销售地点，如一手果农、集散中心或大型供应商。生鲜电商公司的采购人员会选择供应商，与之达成合作关系，以一定的成本价购买这些苹果。采购人员是需要一套渠道管理系统的，因为他们不只负责采购苹果，还负责对接市面上现有的全部供应商，完成对上百个品类的水果的评估和采购工作。这个时候就需要一套渠道管理系统来帮助他们做好供应商的管理工作，同时把采购回来的货品验收好，这时系统会生成采购单据将这些行为记录下来，存入数据库。

接下来，采购回来的苹果将被运送至仓库，这项工作并不是轻轻松松就能完成的。为了保证苹果新鲜，我们需要做好仓储和品质控制工作。比如，存储在深圳仓库的苹果，往往是采购人员凌晨在广州集散市场采购，再连夜运到仓库并验收入库的。在这个过程中，苹果可能会出现损耗，如采购人员明明买了 10 斤苹果，却因为路途颠簸而导致 1 斤的损耗。所以，在验收入库时，还需要仓储人员录入实际的入库数据。

仓库里的苹果由于存在个头、品质的差异，往往还需要进行筛选和分装。这个过程需要一定的时间并且会有一定的淘汰率。所以，在配送给门店之前，还需要进行仓库报损，即汇报哪些水果是次果、造成损耗的原因是什么、损耗了多少等，这些情况都需要记录在案以便分析运营效率。在发生损耗后，要及时更新库存数据，否则在订货配送时容易出乱子。

在仓库打包完毕后，就可以随时将苹果送往门店进行销售了。但以什么规则送呢？接下来，我们看看门店会做什么。

在完成了一天的销售后，门店就开始订货了。门店订货可能订未来 1 天、2 天或 1 周的货物，具体要看周转效率，这个效率是由采购效率、入库效率、运输效率等决定的。每天门店订货的时候，基本等于一次小型的“双 11”抢购了。比如，热销的水果很多门店会抢着要，因为这会直接影响门店业绩。但水果库存是有限的，这就需要设计一定的规则来让订货的效率更高、效果更好，如热门水果特殊申报等。在门店订货后，仓库的库存要有相应的扣减，否则等订货成功后，发现水果实际没有那么多，就出问题了。在订货完成后，仓库会将水果出库给物流，由物流配送到门店，门店清点后确认收货，若有差额则视为运输损耗。

门店在收货后会给这些水果定价并进行销售，销售需要结合 CRM 系统完成，其中包括优惠券、充值、礼品卡等功能。在销售后，要对门店的库存数据进行更新，同时记录交易数据。如果销售受阻，那么可能要把库存调拨给其他需要的门店，避免水果损耗。如果最终库存水果发生损耗，那么只能报损，将之计为成本。

上面这个复杂的流程就是生鲜电商线下业务流程，主要围绕进、销、存开展，涉及十几个复杂的单据和数据库变动，需要产品经理具备一定的数据库知识才能顺利完成。而对于销售和结算系统，下面我将以礼品卡功能为例进行具体阐述。

6.1.2 礼品卡功能实战

如何设计礼品卡功能呢？首先，要梳理清楚用户和场景，因为礼品卡功能是一种类金融功能。其次，要充分考虑风控的因素，否则容易出现业务系统崩溃的情况。

在场景上，礼品卡主要是一种福利，尤其在用户大量送礼时使用。为了实现这个业务场景，礼品卡应具备以下特点：不需要记名，最好是实体卡，以便增加仪式感和品牌宣传效应；面额不宜过大，如果用户需要批量发放福利的话，500 元以下的小额礼品卡显然是比较实用的。

基于礼品卡的这个基本功能，我们还需要为礼品卡设置密码和卡号规则。规则要以加密的形式存在并结合实体卡使用，否则一旦数据泄露，容易被套现。另外，礼品卡应该被设置在购买时激活，否则如果有小偷直接在门店把礼品卡偷走，他就可以随意消费了。由于套现存在风险，产品经理同样要考虑礼品卡的资金使用功能问题。比如，除了可以直接购买商品，礼品卡是否支持充值功能？在卡片充值时一般是有返点的，如充 100 元送 5 元，而实体卡是有制作成本的，如一张卡 1 元。如果用户在购买礼品卡后又充值 100 元，这时候依然送 5 元，那么用户就可以用余额继续购买礼品卡，如此反复操作，每次交易都会被套现 5 元，还增加了礼品卡的制作成本，这种情况显然是糟糕的。所以，产品经理在设计礼品卡的资金使用功能时应从整体考虑，测试异常情况，避免出现套利空间。

在规则制定完毕后，我们还需要确认业务流程，如制卡人是谁、如何审批、每次制卡要求限额多少、礼品卡数量控制为多少，这样可以在日后追溯制卡清单、礼品卡激活记录、消费记录等数据。后续产品经理还要和运营部门沟通好，在礼品卡的发放环节进行协作，确保礼品卡功能上线后可以及时被用户使用并收到用户反馈。

至此，礼品卡功能的框架思路就完成了，后续产品经理可以根据礼品卡的使用数据，逐步完善其功能，实现迭代升级。

6.1.3 总结

对整体线下电商产品而言，除了要搭建好基础的进、销、存功能，还要打通线上线下渠道，创造新的业务模式。但不管什么业务模式，都是围绕商品和交易进行的，切记不要本末倒置。同时，在交易时，要制定好规则，否则很容易被“羊毛党”钻空子而导致损失惨重。电商产品经理要为真实的业绩和效率提升而服务。

6.2 体验优化怎么做

对一个移动端 App 来讲，如果体验指标差到一定程度或有一定的向下趋势，就需要进行体验优化了。比如，当我们发现用户留存率下降、日活和月活比值下降、主干功能操作跳出率较高、非标准规范界面占比增多等数据异常情况时，就需要进行整体的改版规划了。

如果我们的目标是提升体验，那么我们可以从以下 3 个方面来考虑。

（1）性能提升：减少系统崩溃、慢请求的次数。

（2）视觉提升：让交互更加合理，让视觉更加规范，让整体设计更加清晰、美观。

（3）功能优化：下线老旧功能并复盘，对其他功能进行整合和重新设计。

在性能提升方面，产品经理需要结合日志和运维数据进行综合分析。首先要分析用户终端的特点，即从数据入手，找到系统崩溃的原因，看看能不能重现。比如，慢请求次数增加的原因是否为由于查询数量过大、查询优化不足、SQL 不合理等。与性能提升相关的主要优化工作是由研发人员来做的，而产品经理最重要的工作是找到那些需要优化的点，带领研发人员分析清楚症结所在，再提出需求和方案进行优化。

在视觉提升方面，产品经理要建立设计规范，优化交互。如果产品在一开始就没有设计规范，或者产品团队、设计团队没有依照设计规范行事，就会导致最终产品的视觉设计杂乱无章，没有主次、先后之分，让用户产生视觉错乱和心理排斥。设想一下，如果某产品的一个查询功能在对应界面的顶部，而另一个查询功能在对应界面的右侧，或者一个功能的入口按钮是扁平的，而另一个功能的入口按钮是立体的，那么用户需要熟悉多套交互操作，这个学习成本是非常高的，这个产品的用户体验也是非常差的。交互和视觉的规范是一种语言，是一种让产品和用户自由交互的通用语言，它是由产品经理和设计师共同定义的。所以，产品经理一定要建立设计规范和迭代规范的机制。

在功能优化方面，产品经理的工作依然是以数据为导向的。在功能优化工作的背后，需要一整套的埋点系统，这套埋点系统主要包括如下内容。

（1）一流的数据采集系统。

（2）高效的数据传输系统。

（3）完备的存储、挖掘、建模系统。

（4）好用的可视化系统。

比如，某一个功能的跳出率高的原因可能有很多种。

（1）可能是这个功能的入口信息不够明确，用户不知道它是做什么的，有时点进去查看，却发现不是自己想要的东西。

（2）可能是这个功能的界面上有一些高频数据是用户需要的，用户点进来查看了一下，就返回了。

（3）可能是用户为了满足某种数据指标或运营活动的要求在刷数据。

我们可以通过可用性测试和数据分析来定位问题。如果是功能入口信息不明确，就要考虑优化文案，更改信息层级；如果是信息结构不合理，就要重新规划、修改这个功能，重做交互和信息结构。

在梳理完原因后就要确定优先级，进而评估每一个功能的投产比。一个前端修改项目通常是很复杂的，不但在发布时需要用户更新，而且在经过多次修改后，往往会变得更加重要，一旦出现问题就是大问题，需要大量的测试人员进行回归测试，不像做新 UI 那么简单。

总之，要想做好体验优化工作，必须做好 3 项工作：第一，进行数据分析并定位问题，及时补足缺失的数据。这项工作是优化工作的根基，花费的时间往往超过项目全部时间的 40%。第二，确定目标和方案，即确定改版的目的是什么、为什么这么改版，以及采用怎样的方案改版。这项工作将花费全部时间的 30%左右。第三，做好验收和回归测试。注意，如果功能出现耦合情况，我们的工作会更加复杂，因此我们需要事前做好项目管理工作。

6.3 创新型项目怎么做

创新型项目是相对于常规项目而言的。常规项目通常指的是目的、需求较明确的产品。对常规项目来说，虽然可能需要一些创新点作为助力，但创新并不是必需的，也不是项目的核心竞争力；对创新型项目来说，创新不但是必需的，还是项目赖以生存的核心竞争力。所以，创新型项目通常在现有的市场上还没有竞品参照物。

常规项目就像一道命题作文，由于场景和需求都是比较明确的，所以在答题时只要不跑题就不会得分太低。

而创新型项目就像一道开放式作文，场景、需求、技术方案、规划等工作都要从头开始，所以没有具体的评分标准。

所以，两者其实没有高下之分，只是因为它们的思路不同，产品经理的方法论才存在差别。

对创新型项目来说，项目失败率为 15%左右，这就意味着在 7 个创新型项目中，可以存活并长期运营下去的只有 1 个，这个数字其实是很可怕的。它一方面增加了我们的压力，另一方面降低了我们的期望值，让我们可以冷静思考。

我对创新型项目失败的原因进行了梳理，可以说，90%失败的创新型项目都是由于以下 4 个原因导致的。

（1）产品缺乏竞争力。

（2）落地方案缺乏逻辑性。

（3）产品方向不稳定。

（4）资源安排缺乏合理性。

下面，我将展开讲解这 4 个原因的具体场景，并说明该如何规避这些问题，希望大家引以为戒。

1. 产品缺乏竞争力

产品缺乏竞争力可能是因为存在以下几方面的问题。

（1）产品解决的问题根本不是用户的痛点。

（2）产品解决的问题是用户的痛点，但解决方案没有价值。

（3）产品的解决方案有价值，但不如竞品的价值高。

（4）产品不具有与众不同的创新优势，从而无法改变现有的市场局面。

产品经理在规划某个项目时，在整理需求池前，一定要检视这 4 个方面的问题，看能否循序渐进地解决这些问题。任何一个环节没有做到位，都会导致产品无法获得竞争优势。对创新型项目来说，因为缺少可以作为参考的竞品，所以如何定义产品尤为重要。在项目从规划到上线的整个过程中，产品经理 50%以上的工作时间都要花在前期的准备规划上，这是远远多于常规项目的。

所以，做好规划是为了让后续工作能够更加顺利地进行，使这个产品具有更持久的生命力和更大的竞争力。

2．落地方案缺乏逻辑性

这里的“落地方案缺乏逻辑性”主要是指在产品落地前期该做的市场调查、产品价值评估没有做到位。

了解这个行业的人都知道，产品在落地的过程中，会根据实际资源、技术实力、目标市场的变化，产生很多与我们的预想不一样的点，我们会遇到很多事先没有预料到的困难。面对这些困难，我们需要做出很多决策来让项目进展下去，这就是产品的决策点。这些决策点看上去是突发的、无法预料的，但实际上，在规划阶段，只要能多考虑几个方面，就能把预案做好。这是因为所有的决策点都要以产品定义为中心，时刻把握用户价值和商业价值这两个方面，遵守极简、可用性优先等原则。基于这些原则，我们在项目规划之初就可以推导出在遇到困难时，需要向哪个方向做决策。

除了对决策方向的预估，我们还要将产品定义、生命线、投入产出比预估作为参考，以做出具体的落地方案。所以，如果前期没有做好这部分的工作准备，后期就只能补做这部分工作，这样的话，很可能导致错过最佳时机。

正所谓“兵马未动，粮草先行”，前期的准备工作是产品落地时的重要保障。

3. 产品方向不稳定

这里主要注意两个方面，即内在和外在。

内在就是各个团队要同心协力，保证信息同步和方向一致。

外在就是时刻守住初心，根据市场变化评估方向变动，不能一有风吹草动就要改变。

这两个方面都是产品经理的核心工作，需要产品经理时刻加以关注。团队建设的能力是产品经理凝聚力的体现，评估市场变化的能力是产品经理决策力的体现。内在不稳定会导致产品落地出现偏差，进而导致团队返工；外在不稳定会导致产品变成"四不像"，甚至会导致整个项目流产。

4. 资源安排缺乏合理性

产品经理要做好资源的争取、协调和分配工作。比如，某个项目在评估完投产比之后，产品经理能否说服公司做这个项目？再如，上线一年后，产品的二期功能需要两个算法工程师，产品经理能否说服公司提前制订招聘计划？

所谓创新型项目，无非是技术新、场景新，所以规划好后续工作尤为重要。对创新型项目来说，如何从 0 到 1 并不重要，重要的是如何从 1 到 100，即让产品持久生存而不是昙花一现。我们在开始阶段无法预估产品的形态会如何发展，即使要做投产决策也要在试错之后才能决定。所以，即使你可以解决好前面 3 个问题，但如果忽视最后这个问题（即资源的调配工作），项目往往也很难开花结果。

总之，在做创新型项目时不要慌、不要怕，可以将平时积累的经验和方法论运用其中，所有未知的问题都可以通过理性分析来解决。我们在实现目标的过程中会面临很多困难，也会收获很多知识。

6.4 埋点规范项目怎么做

数据是产品的宝藏，数据分析就是产品设计中挖宝藏的过程。

数据分析的基础是数据源。数据源一般分为两种，一种是用户行为数据，主要通过在 App 的前后端埋点获得；另一种是业务数据，一般存储在后台数据库。

随着用户的操作，这两种数据会源源不断地产生。

比如，我打开某购物 App 准备买一个键盘，在搜索后浏览了 3 页商品列表页，在某一页的商品详情页里看到了键盘排行榜的入口，然后发现排名第一的正是自己正在浏览的这款键盘，于是我选择型号、颜色，加入购物车，最后将它和原本就在购物车中的一箱苏打水一起下单、支付，完成购买。

在这个完整的电商线上购物流程中，我先后跳转了 8 次页面，进行了 8 次点击操作，触发了多次信息流曝光，其过程包括加入购物车、订单确认、订单支付三个环节。

在这个流程中，前后端埋点会按时上报数据，在损失极小的情况下，数据会被上传到服务器并存储在埋点数据表里。同时，我的订单、交易、钱包、会员等相关数据也因为这次交易发生了相应的变化。

该 App 的产品经理通过分析我这类用户的行为数据，可以得出以下结论。

（1）80%的用户在查看排行榜后，会选择购买排名第一的产品，15%的用户会选择购买排名第二的产品，余下 5%的用户没有购买。这是用户行为数据分析的结果。

（2）我在后台被打上了“高级用户”的标签，拥有这个标签的用户，人数占活跃用户总数的 30%，但贡献了 60%的交易额，同时，拥有这个标签的用户的退货率不到

2%。这是业务数据分析的结果。

（3）84%的用户在商品列表页翻页时，最多翻到第 4 页就选择跳出，而翻页数量最多的用户，在剔除极端异常数据后，一般翻到第 10 页左右。通常来说，在搜索商品页数超过 10 页且最终发生购买的情况下，前 5 页商品被下单的概率高达 88%。这是结合用户行为数据、业务数据分析的结果。

于是，这位产品经理依照分析结论，按照需求优先级，在下一个产品迭代计划中加入了“排行榜展示及详情维度策略优化”等功能。在这些功能上线后，新版本的排行榜购买率提升了 1%，GMV 同比增长了 0.02%。

以上就是数据分析指导产品设计的理想流程。要实现这个流程，可能需要整个研发团队的倾力协作，以做好数据体系的搭建工作。但这个流程往往费时又费力，且其中可能有很多弯路。

我总结了搭建数据体系工作的三大常见难点，分别是：埋点流程及体系、数据报表及后台、数据监控及可视化。接下来，我将依次进行详述。

6.4.1 埋点流程及体系

埋点是数据分析的底层设施。埋点不是凭空出现的，而是研发人员一个个做上去的，是有一定的开发工作量的。同时，埋点的位置需要进行大量的测试工作来验证，否则，一旦出现一个或几个数据指标埋点错乱的情况，后果不堪设想。

有开发工作量，就代表有需求。

一般来说，埋点需求是随页面需求而变化的，也就是说，数据产品经理不仅要进行需求方案评审，还要进行埋点评审，即对每次有页面变更需求的埋点文档进行评审。

埋点文档一般和需求文档一起，由提出需求的产品经理撰写，形式不限，主要目的是标注清楚每个埋点的位置、上报逻辑、上报字段参数。

通常来说，我们将有页面跳转关系的埋点称为页面埋点。比如，我在线上购物时点击商品列表页（假设编号为 P01）的商品图片，进入商品详情页（假设编号为 P02），此时 App 就要上报这个埋点数据。这个埋点数据的意思是：我从编号为 P01 的商品列表页，通过点击商品图片，跳转到编号为 P02 的商品详情页，同时上报字段参数（如商品的参数 good_id）。通过上报的埋点数据，后台可以知道我从哪个页面跳转到哪个页面，又查看了哪个商品，从哪个入口进行下一步操作。

除了页面埋点，还有点击事件埋点和曝光事件埋点。

比如，我在购物车页面发现自己之前曾添加了一个键盘，但是没有今天看到的键盘更称心，于是我在购物车页面中删除了该键盘。这个时候，App 就需要上报点击事件埋点的数据，并上报被删除商品的 good_id 及加入购物车的时间等参数。假设删除事件的埋点编号为 C01，也就是说，在购物车页面（假设编号为 P03）中，有多个事件，其中删除事件的埋点编号为 C01，上报时包括被删除商品的信息等字段。

再如，我在浏览商品列表时，并没有把第 3 页的商品全部看完，只看到了前 3 个，后面还有 3 个商品没有在我的手机屏幕上曝光。于是，当我不再操作手机屏幕时，这一次曝光事件埋点的数据就被上报了。上报的信息仅包括已经曝光的 3 个商品，不包括此页面还没有曝光的 3 个商品。

以上我分别讲述了埋点文档及埋点文档包含的页面埋点、点击事件埋点和曝光事件埋点。通过规范埋点流程、定义埋点需求、完善埋点系统，我们可以做好用户行为数据分析的必要底层数据基础。

6.4.2 数据报表及后台

埋点需求和报表需求应该一起确认，因为两者是相辅相成的。

埋点是报表分析的基础，而报表分析提供了埋点的思路和方向。一个产品功能往往承担着提升指标的任务，如上文说到的商品排行榜功能，就是为了提高下单的转化率，而这个目标能否实现，就要靠数据报表来反馈。比如，为了衡量该排行榜的价值，我们可以搭建一个时间维度的报表，字段包括排行榜入口曝光量、排行榜引流其他商品量、排行榜跳转购物车量、排行榜直接购买量等。

只要产品的核心价值不变，上述需要定期分析的数据指标往往就不会变，我们在做报表时就会减少很多重复工作，更方便与其他团队沟通，也可以定期给关联方发报表。

但报表并不是数据分析的全部，还有部分无法固化的内容。

比如，短期运营活动的数据、A/B 测试的数据、其他维度的灵活数据分析等。短期运营活动的数据很好理解，一般活动的周期较短，可能做报表的时间比活动的时间都长，故不建议做成报表；A/B 测试有专门的分析系统，且其动作偏过程化，没有定论，不建议体现在报表中；而其他维度的灵活数据分析，如新增事件、位置调整等，需要数据分析后台来支持，待方案稳定落地后，再逐步将埋点需求列入报表。

一般的数据分析后台（如天眼、神策等）已经把常用的分析方法和功能沉淀下来了，在接入 App 后，产品经理可以在管理后台快速上手进行分析。具体的分析维度要根据目标来定。比如，对内部产品来说，产品经理可能不需要看留存等数据，而是需要关注漏斗转化和性能；而对 C 端产品来说，留存分析更重要一些。

6.4.3 数据监控及可视化

除了数据分析，数据监控及可视化也是很重要的。

数据监控指的是要定期跑一些数据，看看有没有异常情况发生。比如，对于上文说到的商品排行榜功能，可以每过一个小时跑一下排行榜打开的数据。如果排行榜的单日人均打开次数是 10 次左右，而有个别用户单日打开 100 次排行榜，那这可能是异常数据，要追查原因，看看是统计问题还是机器刷量，再对症下药解决问题。

可视化是比报表更直观的表现形式。

通常，可视化有几种：在表达一串操作的衰减情况时，通常采用漏斗模型；在表达功能用量或关键数据的增减趋势时，通常采用线状图；在分析渠道占比或进行其他横向类比时，通常采用饼状图。这些都是最基本的可视化工具。

更高级的可视化工具有很多，如动线系统。

动线起源于商业地产。在商场中，某位顾客从进入商场到购物后离开商场的全过程的行动线路，就叫顾客动线。依据对顾客动线的分析，商场的每一个门店、每一个楼梯、每一个收银台的位置都是有讲究的，能够令用户体验和购物转化率最大化。

同样地，在 App 中也存在用户动线。比如，用户完成一个购买行为，可能是通过“列表页—详情页—购物车—付款”的动线，也可能是通过“活动页—详情页—直接下单—付款”的动线。如果能够把这些动线通过可视化的方式展示出来，我们就可以看出动线之间的关系及每条动线的优势和劣势，从而跳出现有功能，从整体上规划这个流程的最优动线。

类似的可视化工具还有热力图，它可以反映用户在某一个页面的点击情况，从而分析出用户的真实操作和我们产品设计的视觉引导之间的关系，如果两者存在偏差，可以有目的地调整视觉和交互。

6.4.4 总结

数据分析是有范围和目的的。也就是说，一个团队要先有数据指导产品设计的需求，并培养全员的数据分析意识，然后才能建立起数据分析和埋点机制，从而建设好底层埋点等设施。

埋点的方式要根据页面和场景的不同，采用合适的方法。埋点的核心是业务目标或用户行为目标的反馈，因此要从产品价值方面进行梳理。

通过报表、监控和可视化，我们能够洞察到产品运行中的机会点和优化点，让产品逐步走向最优。

如果你想做好团队的数据分析工作，就从以上几项入手吧。

6.5 红点策略项目怎么做

我们在使用 App 时，见到最多的就是 App 上用于提醒的各种各样的红点。这些红点色彩饱和，让我们几乎无法忽略。

这些红点有的是告诉你还有多少未读消息，有的层层递进引导你到一个广告入口。其中一些红点的存在逻辑十分隐晦，让你怎么操作都消除不了。

相信对很多像我一样的强迫症患者来说，这些红点真是令人又爱又恨。

为了让大家正确认识红点，并设计一套好的红点机制，本节我将详细阐述红点策略项目怎么做。

6.5.1 红点的前世今生

2009 年，红点机制最初出现在黑莓手机上；2013 年，iOS 平台逐渐使用红点机制；现在，红点机制几乎是 App 的标配。

无红点，不套路。红点一开始的作用仅仅是提醒待办事项或更新事项，渐渐地，演化成现在复杂的红点机制。

比如，用数量红点来提醒待办事项数量，用文字红点来提醒用户优惠信息，用多层红点来引导用户层层深入。

红点之所以这么有魅力，是因为它充分利用了人类的强迫症和好奇心理，起到强引导的作用。一个好的红点逻辑，应该让用户一目了然：什么时候出现红点，为什么出现红点，怎么消除红点。这背后需要红点机制的复杂逻辑支撑。如果做不好，会让用户抓狂；如果做得好，能影响用户的心理，成倍提升转化率。

6.5.2 红点机制的复杂逻辑

有些人可能会奇怪：不就是一个红点吗，在 App 有更新内容时出现，在更新内容被阅读后消除，不是吗？

还真不是。红点机制的逻辑其实非常复杂。

既然红点代表更新，那么我们就先聊聊更新这个概念。

对 App 来说，什么算更新呢？

通常来讲，某内容的推送时间晚于某用户上次观看 App 的时间，就说明该内容对该用户来讲是新的。那么，问题来了，内容推送时间可以通过后台记录来获得，而用户上次观看 App 的时间要怎么获得呢？可能有人会想到，可以通过查看系统本地时间来获得，但这是不合理的。因为系统本地时间是可以修改的，如果遇到用户恶意修改的情况，红点机制就会崩溃。因此，合理的获得方式是，由前端或后台记录当时的服务器时间，用服务器时间作为更新的判断指标。

接着，新的问题又来了，既然要使用服务器时间，就要跟服务器进行交互，向服务器询问是否展示红点，而这个请求的量级是很大的。比如，用户在进入微信首页时，如果有更新的朋友圈，用户就会在底部导航“发现”处看到红点，因此“发现”的红点逻辑就是朋友圈有更新。也就是说，用户在进入微信首页时，App 就已经请求到朋友圈的红点。

所以，看上去简单的红点机制，其实涉及多个层级页面的一次请求，并且往往由页面跳转和点击来触发，这给服务器带来的压力是非常大的。

如何解决这个问题呢？这就涉及同步和异步的逻辑。

一般来说，对于并发量大的客户端动作，我们可以通过缓存和限流来处理。比如，我们限定一段时间，假设 5 分钟，如果请求过红点，那么在 5 分钟内不再请求红点接口，这样就可以大大减小服务器的压力。

怎么确定这个时间呢？

一般来说，这个时间要取决于后台能承受的频次和用户能接受的时长。从用户体验上讲，如果用户每次操作的时间间隔很长且需要红点的内容不多，那么只要设定一个略短于操作间隔的时间，就能保证用户在每次操作时都能触发一次红点，这对用户体验的影响不大。所以，在遇到类似问题时，需要通过数据分析来找到性能和体验的平衡点。

红点出现的逻辑只有这一种吗？不是的。很多人会发现，自己一直在首页，没有进行任何操作，红点却突然出现，这是怎么回事呢？

与上文前端请求的红点不同，在这个时候出现的往往是后台推送的红点。比如，我们在进行各种运营活动时，如果有模块更新，就可以使用推送红点机制，推送一个临时红点到客户端。日常的未读提醒红点和活动运营红点都是 App 推送的，这是比较常用的运营手段。

如何解决多个红点的问题呢?

有的页面会出现多个红点的情况，如果这些红点的逻辑不一致，就会让用户感到困惑。比如，图标下方的红点表示“有新增的消息未读”，而上面的红点表示“提醒，有一种优惠模式”，这两种红点意义不同，有不同作用，如果采用相同的样式，用户会觉得困惑。所以，如果需要设置多种不同意义的红点，必须使用不同的样式。

如何消除红点呢?

通常来讲，有的信息阅读即可，如朋友圈；有的信息需要点击详情查看，如短信。那么，如何设计红点的消失逻辑呢？有两大原则。

第一，上层页面红点逻辑跟着下层页面走。假设有一条短信未读，需要让图标处的红点数字加 1，并在列表页展示红点。在点击进入详情页后，列表页上的红点消失，图标处的红点数字减 1。如果下层页面的红点不消失，上层页面的红点也不变。

第二，在页面发生跳转之前，红点逻辑往往不变。假设有一个信息流页面，当你进入时，有 10 条红点信息，而在你点击了其中 1 条并返回后，其他 9 条红点信息是否应该消除呢？按照我的经验，用户点击过哪个红点就消除哪个，其他红点不变，哪怕其他红点的消息是阅读性的，也不要变。因为此时用户已经知道自己有 10 条未读信息，且必须按照先后次序处理，所以不能在用户还在处理进程时，帮他把未处理的信息变成已处理的状态。

红点消除是一个逻辑问题，大家需要根据场景深入思考，确保把页面跳转、点击、曝光等情况下的消除逻辑都考虑到。

6.5.3 如何设计红点机制

要想设计一套好的红点机制，需要有一定的框架。

首先，我们要明白，红点是一种引导用户、干预用户的机制，这种机制需要有限制条件，不能滥用。所以，在一般情况下，我们要设计红点数量的上限，如同一用户每天看到的红点数量的上限、同一个页面的红点数量的上限。如果不加限制，用户的手机屏幕将被数不清的 App 强行挂上各种红点。

此外，还要设定好各种类型红点的机制，如未读提醒型、个性推送型、运营型等红点。

对于未读提醒型红点，要从里到外层层梳理，充分考虑红点冲突和红点消除等情况。

对于个性推送型红点，要做好冲突规则的梳理，避免和未读提醒型红点混淆，令用户感到混乱。

对于运营型红点，要设计多样化的红点模板样式，针对不同的意义使用不同的推送样式和机制。

在梳理完各种类型红点后，还要进行时效性、性能的评估。

通过评估用户操作时长、频次、请求数量等数据，结合服务器性能，选择哪些红点被限流、哪些红点需要实时刷新。

只有充分考虑以上情况，才算设计了一套合格的红点机制。

6.6 常见问题

上文中提到的案例可以为大家提供一些做垂直领域产品的经验，但在工作中，我们仍然会遇到很多棘手的问题。通常，我会把这些问题进行归纳、总结，将好的处理办法和解决方案记录下来，定期复盘，看看有没有更好的解决办法。久而久之，就形成了一套 FAQ 指南，可以在遇到问题时给我提供方向。现在，我将它分享给大家，希望能够帮助大家解决一些问题。

问题 1：研发人员表现被动，回应慢，怎么办

遇到这个问题，首先要定位原因，然后根据问题的原因有针对性地解决问题。通常，研发人员表现被动的原因包括不清楚目标、不认同价值、有优先级更高的事情需要去处理等。研发人员不清楚目标，意味着我们项目管理、站会周报等工作没有做到位，所以我们要每天多花 30 分钟时间跟研发人员当面沟通，这样可以解决很多问题；研发人员不认同价值，意味着我们产品启动和需求评审工作没有做到位，所以我们一定要在做产品之前就解决好每个人的疑问，否则，长此以往，成员之间的不信任感会逐渐加重，导致团队不和谐；对于研发人员有优先级更高的事情需要去处理的情况，我们需要问清楚是什么事情。在询问时要掌握一定的技巧，不要让对方觉得我们在干预他们的工作。如果是由于人力资源缺乏导致的回应慢，可以列出工作优先级向领导申请加人。总之，在遇到问题时，首先要弄清楚情况，然后积极沟通，不能无端猜忌。

问题 2：业务用户的需求不合理怎么办

注意，你认为不合理的需求，在业务用户看来可能是非常合理的。造成这种偏差的原因是你们的专业领域不同，得到的信息不对称。我们可以分两步来解决这个问题。第一步，达成共识，尽量减少信息的不对称，充分了解彼此的诉求。在了解诉求之后，

会出现两种情况：第一种，这个需求确实存在不合理的地方，这时我们需要带着解决方案来和业务用户进行探讨，而不能仅仅指出问题；第二种，这个需求是某种不可抗力的结果，如监管、高层领导的要求等，这是超出我们现在的理解范围，但我们又必须接受的事情，我们应接受并试图理解它，用复盘来提升自己。要知道，任何不合理的需求所引发的问题都可以被定位和解决。第二步，业务用户的需求看起来不合理往往是因为在需求的形成过程中没有产品经理的参与，因此我们应尽早与业务团队进行需求沟通，确保后续需求确认工作顺利进行。

问题 3：沟通不顺畅怎么办

遇到这个问题，要调整沟通方法。比较好的沟通方法是当面沟通。当面沟通的好处是信息丰富且直接，在沟通后再使用邮件确认，基本上就万无一失了。比如，当你的需求涉及前端、后台、测试等多个团队的配合时，最好的方法就是召集大家开个简单的站会，而不能只以邮件的形式进行沟通。如果实在聚不齐所有人，可以当面挨个确认。但当面沟通也有一个缺点，那就是成本高。如果团队成员分散在各地，就很难进行当面沟通，对于这种情况，最好的解决方案是：对于最重要的问题，要采用当面沟通的方式；对于其他问题，要记下来交给待办人员并由他指派给相关责任人，如果遇到阻碍再进行当面沟通。要想获得好的沟通效果，就必须对沟通过程有预期、有掌控，知道什么情况是正常的，知道这个问题该如何解决。

问题 4：和领导合不来怎么办

在通常情况下，下属和领导合不来是由于缺乏沟通造成的。在实际工作中，领导往往只是给下属定一个方向或目标，至于如何完成、完成过程怎样，需要下属主动向领导汇报。如果下属疏于汇报，就会导致自己的认知和领导的认知产生较大偏差，长久以往，下属会觉得领导不理解自己，对领导产生猜忌。领导给出的工作指令也是基于他个人所获取的信息这个大前提，当下属无法理解时，需要向领导请教。勤于汇报有利于下属和领导之间建立良好的关系。

问题 5：项目结果没有达到预期怎么办

在项目启动之前，要做好预期管理。在项目出现问题之前，其实是有预警的，我们要做的就是在项目管理的过程中发现那些预警，调整好团队预期。即使事前我们没有发现预警，事后我们也要进行复盘，确保下一次可以做好预期管理。如果最终项目结果没有达到预期，一定不要以问责和推卸责任的心态来汇报，而是把成果和改进方案拿出来。我们要做的是产品，不是项目，而产品是由无数个项目组成的，我们完全有机会在下个项目周期把成果追回来，而不是消极地自我否定。做产品是一个漫长的过程，一时的失败只不过是我们在这个过程中所遭遇的挫折而已。

这里仅挑选了各大社区比较高频的问题来分析，相似的问题还有很多，在这里就不再赘述了。希望大家可以制作一套这样的 FAQ 指南，即使过后不会再看，在梳理问题的过程中，我们也可以得到一些收益。

后　　记

我热爱产品，也热爱写作。

多年来在各大社区的写作生涯，极大地提升了我的产品能力。对我来说，写作是完善个人闭环的核心环节，没有写作就没有今天的我。

因此，我一直想把这种写作、分享的自我模式无限放大，如写一本关于产品的书。

直到 2018 年，电子工业出版社博文视点的林瑞和老师找到我，向我提出出版邀约，这对我来说有着无比重大的意义。一方面，我看到了自己写作内容的价值；另一方面，我看到了我的写作之路将要面临的机遇和挑战。

我的 2019 年农历新年假期是在写书中度过的。每天陪完家人后，我就把自己关在卧室里写作，直到凌晨四五点才休息。七天下来，我基本上完成了 15 万字左右的初稿，那是我迄今为止最拼、最有激情的一周。

在写作的过程中，林老师不断帮我审稿、标注，提出修改意见，两位责编老师也对书中的问题进行了细致入微的修正。本书能够出版，与他们的努力是分不开的。

对我来说，这段时间我不仅完成了出书这件事，还提升了自己的写作技巧，逐渐形成了自己的写作体系。所以，如果有需要出书的朋友，我会强烈推荐您和林瑞和老师合作。

刘飞老师说过，很多作者在某个领域很有建树，但涉及出书时，往往会力有未逮。为了追求全面，书中可能会涉及一些自己不熟练的领域，本书也不例外。本书的八成内容都是干货且来自我的亲身经验，但其中难免有部分内容是我未能深入研究的，希望大家能够理解。如果大家在阅读的过程中有任何问题，请在我的公众号“产品之术”中与我联系，我会认真阅读并回复。

本书是我的第一款“写作产品”，作为产品，它当然会有迭代。因此，在本书上架一段时间后，我会搜集读者的反馈，对这本书进行补充和修订，力求它能成为经典。

最后，我要对一路以来支持我、鼓励我的朋友和同仁表示感谢。

感谢我的第一家公司的 CPO 王帆、Leader 汪洋、RD 李瀚情及研发部门、业务部门的兄弟们，你们在我的新手期给予了我莫大的宽容、引导和鼓励，让我在与你们共事的一年里飞速成长，积累了足够的产品基本功、产品研发能力、代码能力，这些能力是我日后发展的根基。

感谢平安的黄总、张经理、彭经理和婷婷经理，和你们一起创业的经历让我收获很多。你们的指引让我快速融入了平安文化，帮助我克服了各种困难，让我成为一名真正的产品经理。

感谢平安的 TF 总、JY 总、Nicole 经理、ZP 经理，你们在我低谷时给予我信任，让我放开手脚负责一整条业务线和诸多集团重点项目。在职期间我取得的所有成绩，都离不开你们的帮助和鞭策。感谢你们打造的团队氛围、产品文化，正是因为在这样环境里历练过，我才能拥有今日的产品沉淀和业务线思考；感谢你们对我的器重和理解，给我逐梦的机会。

感谢与我合作的同事 TiTi、彬彬、Gavin、青林、伟健等，正是因为你们不计回报的付出，才有了我们之间亲密的合作，帮助我获得了不错的成绩。在这里祝大家都能有所收获。

感谢运营部门的同事宋瑾瑜,没有你的鼓励和陪伴,我无法理智地面对这么多困难。

感谢腾讯工程师赵鑫宇，中兴通讯工程师赵博豪、李君尧、李伟东、杨光、王冕，谷歌工程师胡冰，Facebook 工程师朱涵，感谢你们在学生时代的陪伴和包容，陪我走过青春岁月。

感谢龙云飞博士、中庚基金潘博众、腾讯产品经理曹芳宁、南方基金尹力、微众银行华挺、榕树投资雍国铁，感谢你们对我的指点。

感谢苏杰老师、唐韧老师、刘飞老师、曹哥、奶大、王伟、刘志远、Jack，感谢你们在产品路上对我的帮助，你们是我的榜样和灯塔。

感谢刘玉珍女士，感谢你陪伴我走过我的学生时代，教导我长大成人。

感谢姜文春先生、刘冬雁女士，感谢你们给予我生命和生活的勇气。

感谢王立象老师、谢鸿老师，感谢你们的包容和坦诚相待，给我家的温暖。

感谢王俞乔小姐，感谢你 8 年来的不离不弃，希望能和你走向美好的明天。